赤い帝国・

中国が滅びる日

経済崩壊・習近平暗殺・戦争勃発

福島香織

KKベストセラーズ

まえがき

「帝国」という言葉の定義は、皇帝の統治する国という意味のほか、小さな国や民族を含む広大な領域を事実上支配し、世界に影響力を与える強大な国家という含意がある。その広大な影響力、支配力を維持する鍵は、軍事力（とくに海洋覇権）、経済力（貨幣覇権）、そして最近は文化・メディア・情報発信力（文化覇権）ともいわれている。この三つの分野で世界を制することは、すなわち世界の秩序を制するもの、世界のルールメーカーとなることができる。

第二次大戦後から今に至るまで曲折はあるものの、世界のルールメーカーは戦勝国連合の国連常任理事国であり、事実上の米国といっていい。だから、米国に皇帝はいないが、現代の帝国といわれてきた。近年、この国際秩序と米国のルールメーカーとしての地位が揺らぎはじめた。震源地の一つはイスラム圏だが、もう一つが中国である。

彼らは、この米帝国に挑戦し、自らの唱える秩序、ルールが支配する地域を広げようとしている。日本の安全保障や経済や未来に関わるのは、間違いなく、タイトルに示した「赤い帝国」中国である。中国はまぎれもなく、今の段階で、軍事、経済、文化において少なからぬ民族や国を事実上支配し、世界に影響力を与える帝国となった。その膨脹スピードは習近平政権になって加速している。

このまえがきを執筆中の二〇一六年一〇月一日、中国の人民元がIMF（国際通貨基金）のSDR（特別引出権）に五番目の通貨として加盟した。これは『通貨戦争』（宋鴻兵著　中信出版）や『貨幣覇権戦争』（王権著、新華出版）といった書籍が中国で大ベストセラーになる二〇〇七年ごろから、中国が切実に望んでいた人民元の国際通貨への第一歩、米ドル基軸体制に挑戦し貨幣覇権を打ち立てるという野望の第一歩と位置付けられる事件だろう。

国際基軸通貨となって、その通貨量の強弱を使ってグローバル資本市場の盛衰を主導し、他国の内部の富の分配から政権の交代までに影響力を持つ。そうなれば世界の技術と人材を集めることができ、世界一の軍事力とソフトパワーを併せ持つ世界の秩序の中心となることができる。まさしく今の米国がそれだ。この米ドル基軸体制に立ち向かうものは、世界最大の（潜在的）市場を誇る中国の人民元であるべきなのだ。いつか、あの赤い紙幣が世界の貨幣覇権を奪うのだ。

……というのが中国の偽らざる本音だろう。

「赤い帝国」は今、南シナ海の軍事拠点化を着々と進め太平洋進出を意識できるまでに強軍化をはかり、GDP規模世界第二位の経済大国として人民元を国際通貨入りさせることに成功した。文化覇権は一番難航しているが、それでも習近平政権の庇護《ひご》を一番強く受けている万達《わんだ》集団の映画文化産業買収戦略はハリウッドを乗っ取る勢いだ。通貨の強さは軍事に裏付けられ、文化の強さは通貨に裏付けられる。この三つの覇権は三《み》つ巴《どもえ》のように相乗効果を持って中国の野望の推進力となっている。

日本人の中には、中国よりも米国に反感を持つ人たちも少なくないが、私はこの「赤い帝国」のほうにより脅威を感じる。なぜなら中国のいま行っている思想統制や言論弾圧、人権弾圧は世界でも屈指の激しさであり、法治の下の平等などは存在しない。中国の価値観とルールに従わねばならない日を想像するとぞっとしないか。私ならば、この「赤い帝国」の野望を阻《はば》みたい。

だが、ここにきて赤い帝国にもいくつものアキレス腱、リスクが存在することが明らかになっている。党内部の権力闘争、暗殺、クーデターの可能性、経済崩壊、大衆の不満……。もっともこうしたリスクは中国にとってのリスクというだけでなく、日本を含む国際社会にも大いなるリスクである。その野望は阻みたいが、かといって彼らが滅ぶ日が来れば、間違いなく日本にも負の衝撃が襲いかかる。

では日本はいったいどうすればいい？　何ができる？　そもそも、中国のいまの内政や外交、軍事における思想や行動や戦略を日本人は理解しているか？　まずは、そこからだろう。本書を読んでいただければ、習近平政権が今、どのような戦略を持って、何を目指しているか、実際に何をやっているか、どんなリスクを抱えているかが、おおざっぱながらつかめると思う。

それを知れば、おのずと日本側が内包するアキレス腱、リスクも見えてくるだろう。読者の忙しい時間を少し割いていただいても無駄にならなかったと思える内容を詰め込んだと自負している。最後まで読んでいただきたい。

赤い帝国・中国が滅びる日
——経済崩壊・習近平暗殺・戦争勃発

目次

第一章

習近平は暗殺されるのか

第二章 戦争は勃発するのか

第三章 経済は崩壊するのか

第四章

中国のメディアは死んだのか

第五章

中国 五つの未来シナリオ

中国全土の地図

写真　アフロ／ゲッティイメージズ
地図　フレッシュ・アップ・スタジオ
校正　初田宗久

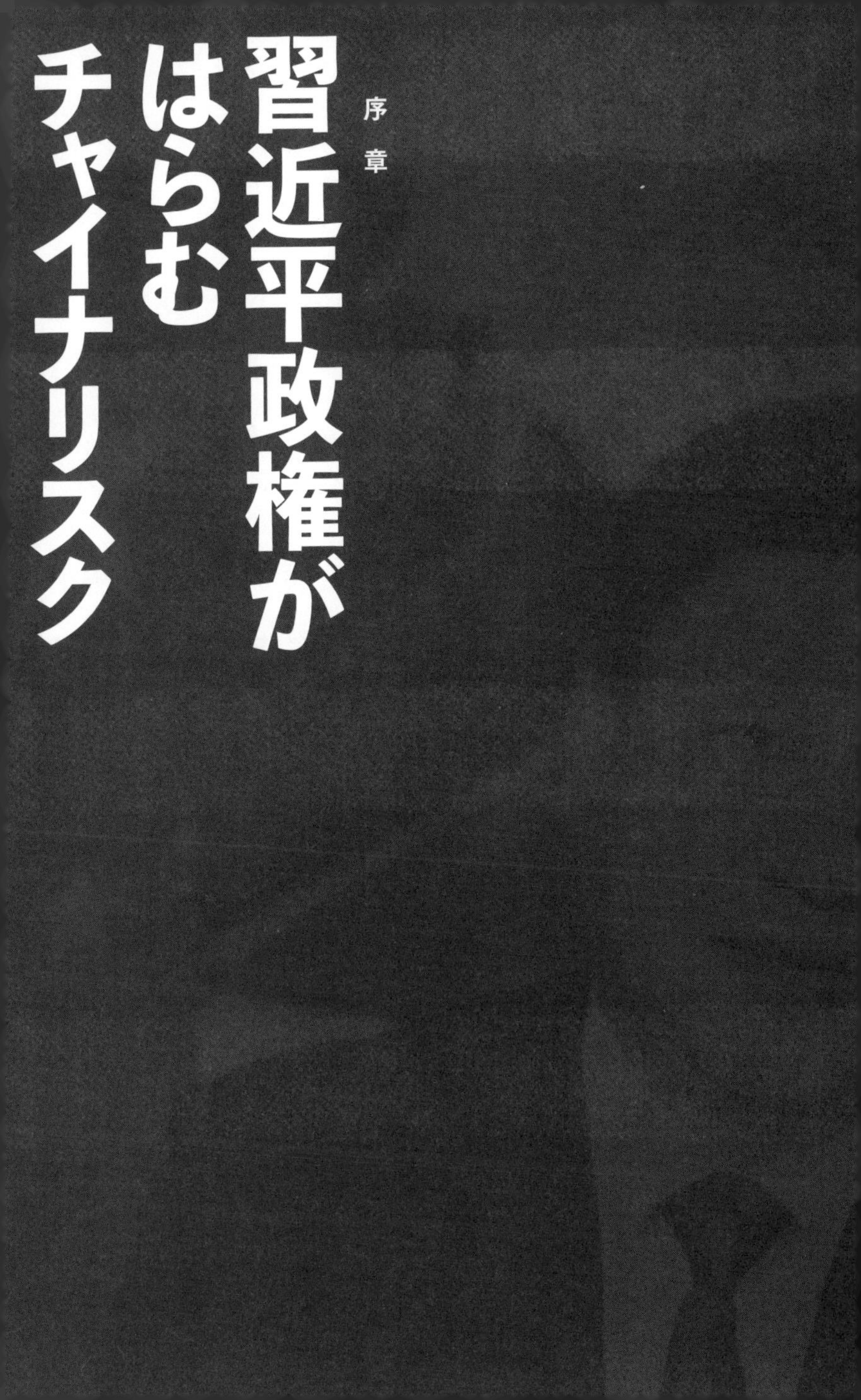

序章

習近平政権がはらむチャイナリスク

習近平とはどういう人物か

チャイナリスクとは何か、と聞かれると、経済崩壊、軍事的脅威、社会動乱などの言葉が頭をよぎるのだが、私はとりあえず、習近平《しゅうきんぺい》政権自身がチャイナリスクではないか、と答えることにしている。というのも、習近平政権は前の二つの政権、江沢民《こうたくみん》、胡錦濤《こきんとう》政権と明らかに質の違う危うさをはらんでいるからだ。江沢民政権、胡錦濤政権時代にはある程度予測できた動きが習近平政権では予測できない。

では、習近平政権とはどんな政権なのかといえば、これは、私と同じ〝中国専門ジャーナリスト〟でも、人によってずいぶん違う。

習近平〔一九五三〜／二〇一三年より第七代中華人民共和国主席、第四代中央軍事委員会主席。太子党〕は、非常に優れた為政者で大衆に人気があり、力強いリーダーシップがあり、鄧小平《とうしょうへい》〔一九〇四〜一九九七／毛沢東《もうたくとう》死後の実質最高指導者として「改革開放」を進める〕に次ぐ共産党中興の祖となる、ロシアのプーチン〔一九五二〜／第四代ロシア連邦大統領。元ＫＧＢ職員〕タイプの実力者と評価する人もいる。

一方、歴代指導者の中で最弱の〝皇帝〟であり、能力も党内の信頼も低く、党中央においては孤立し軍権も掌握できていない、という人もいる。あるいは、強烈な独裁者であり、第二の毛沢東〔一八九三～一九七六／中華人民共和国の初代国家主席。大躍進政策、文化大革命を実行〕を目指し、亜文革（プチ文革）を起こそうとしている危険人物という人もいる。

また、八大元老の一人で開明派政治家の代表でもある習仲勲《しゅうちゅうくん》〔一九一三～二〇〇二／習近平国家主席の父。一九八〇～九〇年代に権威を振るった八大元老の一人〕の息子であるから、彼も開明派、改革派であるに違いない、今は権力集中をはかり、独裁的に見えるが、それは旧ソ連のゴルバチョフ〔一九三一～／ソビエト連邦第八代最高指導者〕がペレストロイカ（自由化・民主化）前夜に権力集中・独裁的であったように、大きな改革を断行するための妨害者を排除するためだ、という人もいる。

私個人の印象としては、今までの習近平の内政、外交における言動、その生い立ちや周辺からの人物評を総合すると、小心で用心深く周囲の人間に対する信頼感が薄く、自分の地位を安定させるた

写真右が習仲勲。共産革命の政治的指導者だった。写真左が子供のころの習近平。

めの強い権力を求めつづけて満足しない独裁志向の極めて強い人物というふうに映る。

その独裁の目的は中国の発展や人民の幸福というところにはなく、自分を核心とする共産党体制を守る、自分の権力地位を守る、という一点にある。その視野は内政、権力闘争にかなり偏っており、外交や経済は二の次のようにも見える。比較的現実認識能力にたけた官僚肌の胡錦濤［一九四二〜／中華人民共和国第六代国家主席。共青団（中国共産主義青年団）派］と比較すると、自分の能力を過大に評価しがちで、現状を自分の都合のよいように分析しがちなところがあるようにも見える。

彼の周りには、優秀なブレーンはいるが、その言動を諫《いさ》めたり助言したりするような対等の関係ではなく、あくまで皇帝と臣下の関係を求めるので、いったん暴走すると止める者がいない。

際立つ対外強硬姿勢

習近平政権の最大の危うさは、まず対外的な強硬姿勢だ。

振り返れば習近平政権が誕生する二年ほど前の二〇一〇年秋、日中間で尖閣諸島をめぐる対立が激化したころ、中国の泡沫的タブロイド紙には「米中開戦」とか「日中開戦前夜」といった見出しがよく躍った。

知り合いの中国人記者にその理由を聞くと、低価格の大衆タブロイド紙を買うのは、低所得の労働者層。彼らは社会に対する不満と鬱屈《うっくつ》をつねに抱えているが、その批判の矛先を政府や政策に向けることは許されない。そこで、日本や米国をバッシングしたり、戦争でやっつける、といった妄想記事はそういう不満を解消させるのに一番安全で、好都合のテーマなのだという。日本は中国の労働者にとって豊かさの象徴であり、日系企業で働く労働者も多い。自分たちより豊かな日本を批判したたけば、多少の憂さも晴れる。

また、日ごろ中国共産党の政治に不満を持っている人たちも、中国が米国や日本と戦っても、勝てるという妄想は、自分たちの中にある中華民族の優秀性を認識できるという意味でも楽しいものだったということだ。

こうした傾向は、当時話題になった本などからもうかがえた。軍人学者が書いた二冊の本がある。一冊は国防大学軍隊建設研究所所長で大佐の劉明福《りゅうめいふく》〔退役軍人で、かつて国立防衛大学でも教鞭をとり、米中関係の専門家を称する〕による『中国夢』（中国友

劉明福著『中国夢』

戴旭著『C型包囲』

誼出版）。もう一冊は解放軍空軍上将の戴旭《たいきょく》〔河南省出身〕による『C型包囲』（文滙出版）。この二冊は、ポスト米国時代の中国の大国への道を説いた戦略書であり、中国は近未来に米国との軍事的闘争を勝ち抜いて、米国に代わる大国になるのだという夢を語っている。そのプロセスで日本も打ち負かすことになっている。学者や知識人だけでなく一般人にもかなり読まれ、メディアでもさかんに取り上げられた。

劉明福の著書名となる「中国夢」、つまり中国の夢、チャイナドリームは、その約二年後に登場する習近平政権のスローガンになった。劉明福は著書の中で、米国の包囲網《ほういもう》に対抗してG2〔アメリカと強大化する中国が世界を二分し、中国がアジアを仕切るという論〕時代、G1〔アメリカ一極体制から強大化する中国一極体制へととって代わるという主張〕時代を切り開く強い政治的リーダーが中国には必要だと訴えていた。

胡錦濤政権時代の中国の官僚たちは、こうした軍人の夢、妄想にあまり踊らされない国際社会に対する現実認識を持っていた。

ところが習近平は、こうした世論の空気に影響を受けた。劉明福の書いた本の要請どおり、米国に対抗する〝強い指導者〟になりたいと考えたのだ。あるいは、中国の低層社会に蔓延する貧困や差別に対する不満を、指導者の対外強硬姿勢で解消するのが良策であると判断したのかもしれない。

「私は中国のゴルバチョフにはならない」

一部の改革派知識人が期待していた「習近平は、ゴルバチョフのように共産党一党独裁体制を変えていく改革者である」という説は、習近平自身が完全否定している。

二〇一二年秋の党大会で総書記の地位に就いて間もない二〇一二年一二月に、広東省を視察した習近平は「新南巡講話」と呼ばれる重要内部講話を行っている。その内容は一般メディアには流れていないが、香港の広度書局が二〇一四年一一月に出版した『習近平内部講話』に掲載されている。いわゆる香港の消息筋がつかんだ裏のとりにくい情報や噂をもとに書かれる〝香港ゴシップ本〟だが、この講話に関しては官僚筋からも同様の話を聞いており、私は事実と確信している。

その中で習近平は「なぜソ連は解体したのか？　なぜソ連共産党は崩壊したのか？」と問題提起し、その答えを「城頭変幻大王旗」（魯迅《ろじん》の七言絶句の有名なフレーズ。国民党軍閥によって長期混戦、政局不安に陥ったことを指す）と答え、軍閥（軍区）の独立性や、軍権の掌握不足を指摘していた。

『習近平内部講話』

習近平はこう訴えた。「党が軍を指導することを揺らぐことなく堅持することがなぜ必要なのか。それはソ連の教訓をくみ取っているからだ。ソ連は軍隊の非政治化、非党化、国家化を進め、党の武装を解除した。一部の人物が、ソ連共産党を救おうとしても、専制の道具（軍）が手中になかったから、それができなかった。（守旧派によるソ連八月クーデターのとき）エリツィン［一九三一～二〇〇七／ロシア連邦初代大統領。民主化を推進］が戦車の上でロシア国民にクーデターへの抵抗を呼びかけ、兵士にゼネラルストライキを呼びかけたとき、軍は全く動かず、（守旧派と改革派の）〝中立〟を保った（このため守旧派のクーデターは失敗した）。最後はゴルバチョフが実に軽い一言でソ連共産党の解体を宣言。あれほど巨大だった党が一瞬でなくなった。党員の数からいえばソ連共産党は中国共産党よりも大きかったのだ。ただ、その党員の中に〝男児〟がいなかった。誰も抗うことができなかった」

また二〇一三年二月二七日に中南海《ちゅうなんかい》［北京・故宮に隣接する地区。中国共産党の中枢を象徴する］に習近平は政策ブレーン三六人を集めて内部講話を行っているが、このとき「外国メディアに私のことを〝中国のゴルバチョフ〟と呼ぶ声があるようだが、私は絶対に〝中国のゴルバチョフ〟にはならないから、みな、安心するように」とも発言している。これは習近平の政策ブレーンにもなっているシンクタンクに所属する政治学者から聞いた話であり、また前述の書籍『習近平内部講話』にも収録されている内容だ。このとき、重ねて「強い軍隊を建設しなければ、米国が参与するハイテクの複雑な戦争に勝てない」という中国の軍事力不足の問題も訴えている。

中国をソ連にしてはならない……

蛇足ながら旧ソ連崩壊のプロセスについて、簡単に説明すると、一九八五年三月にソ連共産党書記長に選出されたミハイル・ゴルバチョフが、ニキータ・フルシチョフ［一八九四～一九七一／ソビエト連邦第四代最高指導者。スターリン批判と集団指導を掲げる］失脚以来封印されていた社会主義が許す範囲のペレストロイカ、グラスノスチ（情報公開）に着手したのが直接の始まりだ。

続いて、東欧諸国に対する指導性を放棄し、東欧に民主化運動の波が起きる。そのことがソ連に跳ね返り、その連邦制を揺るがすことになり、ソ連崩壊に至るのだが、その過程で、ゴルバチョフは経済を立て直すために軍事費削減と大幅な軍縮と　軍の使命、任務、体制、編成の大幅な改革を行い、軍に対する党の指導を自発的に放棄。軍内の総政治部を廃止して、ソ連共産党は軍事機関業務に関与してはならないとした。

そしてソ連大統領制を導入し憲法を改正し、ソ連共産党の一党独裁体制を終わらせると同時に、ソ連共産党から軍隊を指導する権力を法律の上からも剝奪《はくだつ》した。その結果、ソ連軍内で党脱退ブームが起き、一九九一年のゲンナジー・ヤナーエフ〔一九三七～二〇一〇／ソ連副大統領。一九九一年のソ連八月クーデターの首謀者の一人〕ら守旧派によるクーデター八・一九政変〔一九九一年八月一九日にモスクワで発生したクーデターで、ロシア連邦成立に至る〕のとき、軍の実行部隊は上級の命令を拒否して、エリツィン側民主勢力を支持したのだった。クーデターは失敗、ソ連共産党は瓦解《がかい》し、ソ連は解体される。

こうした一連の出来事の根本を、習近平は党が軍権を掌握《しょうあく》できなかったことだと考えたわけだ。そして、中国がいま崩壊の危機に瀕《ひん》していると考え、それを回避し、旧ソ連と同じ轍《てつ》を踏まないようにするには、専制を維持するための道具＝軍をしっかり掌握することが何より重要だと考えるに至った。共産党政権は銃口から生まれた政権であり、軍が党の最後の砦《とりで》なのだ。

胡錦濤政権時代まで続いている軍区制〔中国人民解放軍の地域別統合作戦指揮組織で、主に七軍区に分けられる〕は事実上、軍閥化し党中央総書記〔中国共産党中央委員会総書記。中国共産党と国家の最高指導者。現在は習近平〕にさして従順ではない。軍閥化しつつある軍区制を解消して、指揮権を党中央軍事委員会〔中国共産党の最高軍事指導機関。中国人民解放軍を指導する〕主席でもある総書記自身に集中して末端まで掌握すれば、総書記を核心とする党中央の専制は絶対のものになる。だから習近平政権が最優先した改革は経済改革ではなく、軍制改革となった。

胡錦濤も軍区制が腐敗と不穏の温床であることに気づき、軍区制から米国式の戦区制に転換する軍制改革を試みたが、江沢民〔一九二六〜／ポスト鄧小平の第五代中国国家主席。上海閥のトップとして君臨〕派と軍部の抵抗により挫折している。胡錦濤の軍制改革の目標は、共産党私軍である解放軍の国軍化だったが、習近平の改革の目標は解放軍と党中央の一体化、完璧な党軍化、あるいは軍事政権化といえる。

習近平の軍制改革については第二章で詳述するが、習近平は権力の座を禅譲されてから「中国を旧ソ連のようにには絶対しない＝中国共産党専制の維持・強化」という明確な目標のもとに、軍権掌握をプライオリティーの最上位において、大衆受けする強いリーダーになるべく、自らの政権の権力集中、独裁化をスタートしたわけだ。

胡錦濤は共産党の限界を予測していた

ここで、習近平と胡錦濤の考え方の一番大きな違いに触れておこう。象徴的なのは、北京五輪が終わったあとの二〇〇八年一二月一八日、第一一期党中央委員会第三回全体会議〔＝

一一期三中全会。鄧小平が文化大革命を清算し改革開放路線を打ち出した〕三〇周年記念日に胡錦濤総書記が行った重要演説である。この演説で胡錦濤はこう指摘している。

「私は次のような深い認識に至った。党の先進性も党の執政地位も一度苦労して手に入れたあとは永遠に続く、というものではない。永遠に変化しないというものでもない。過去の先進性と現在の先進性の意味は同じではない。現在の先進性は永遠の先進性ではない。……党は人民と歴史が付与した重大な使命を受け止め、新しい状況の問題に対処するため自らを建設するためにまじめに研究せねばならない、改革発展を指導する中でつねに自己を認識し、自己を強化し、自己を高めねばならないのである」

胡錦濤

共産党の先進性も執政地位も永遠ではない、と中国共産党指導者が自ら対外的に発言したのはこれが初めてだった。この発言は前後の文脈を合わせて考えると、胡錦濤としては共産党体制の危機的現状を深刻に認識し、政治改革に取り組まねばならないというまっとうな分析と訴えであるが、共産党は永遠ではない、という発言はかなりインパクトのあるメッセージであった。

これは私の想像だが、その後、胡錦濤政権が福田康夫《ふくだやすお》〔一九三六～／第九一代内閣総理大臣。父、福田赳夫も元首相。親中派といわれる」政権と二〇〇八年六月に東シナ海ガス田の共同開発合意を結んだことが、日本に対する弱腰外交だと軍部から厳しい批判にさらされるようになり、軍人学者たちによる中国のG2時代あるいはG1時代を築く、そういう強いリーダーを望むという内容の本が売れ始めたのは、共産党の先進性と執政地位に対する危機意識を胡錦濤政権が表明してしまった「弱さ」に関係があるかもしれない。

だが、私はこの「弱さ」は現実認識力の高さでもあると評価している。

胡錦濤の民主化、法治国家化はあえなく頓挫

胡錦濤政権の弱さについて、もう少し説明すると、政治改革が期待されたのにそれができなかった、という点だろう。

中国の大国化の道を振り返れば、まさに鄧小平復活による改革開放がスタートラインである。毛沢東という神に文革の責任という傷を負わせた鄧小平は、中国共産党執政の正当性を、経済成長し、人民を豊かにして大国化することに求めた。だが、技術も資本もない、文革で荒みきった中国の経済成長のためには国際社会との協調が必要だった。鄧小平は「韜光養晦《とうこうようかい》」という、野心を隠して実力を養う戦略をとり、日米から多大な資金と技術の供与を得て

飛躍的な経済成長を遂げたのだった。

この路線は江沢民政権に受け継がれた。彼らは経済発展を政策のプライオリティーの一番に置き、経済発展を導くために多極外交を展開し、経済のグローバル化を推し進め、国際社会の中で存在感を増していった。一方で、経済成長至上主義は、貧富の格差、環境汚染問題、官僚汚職の蔓延、そうした矛盾に虐げられた民の権利要求運動や〝集団事件〟と呼ばれる暴動の急増、社会の不安定化といった、いろいろな弊害を生み出した。

だが、経済さえ成長していれば、そうした社会矛盾が起きようとも、人民は共産党を支持しつづけ、共産党一党独裁体制の正当性が維持できるという楽観もあった。

その後の胡錦濤政権になると、経済成長至上主義のマイナスの部分が地底から噴き出そうとするマグマのように強い圧力となった。飢えに直結するような貧しさより、ある程度、生存権が約束されたぐらいの貧しさの中にある人々のほうが、実は社会不満を感じやすく、暴動や革命を起こしやすい。

中国は経済発展したがゆえに、経済成長の恩恵にあずかれなかった低層の労働者、農民の不満が増大し、権利意識が高まり、環境汚染問題への関心も高まった。とくに環境問題は経済成長の最大阻害要因になるほど悪化し、人々の健康を著しく害していた。

こうした状況を緩和《かんわ》するために、胡錦濤政権は和諧《わかい》社会［社会主義和諧社会の略。二〇〇四年の第一六期四中全会で掲げられたスローガンで「矛盾のない調和のとれた社会」を指す〕、科学的発展観といったスローガンを打ち出し、経済成長至上主義路線から調和路線に微妙に舵《かじ》を切り替えていこうとした。農村の発展・都市化を重視し、貧富の格差を解消し、小康社会《しょうこう》〔そこそこ豊かな社会〕の実現を目指した。だが、これはなかなか難しく、二〇〇五年ごろから中国の高度経済成長に陰りが生じてくる。

振り返れば、胡錦濤政権時代は、奇跡の経済成長を遂げた江沢民政権のツケである社会問題の対応に追われた時代だった。この矛盾の最大の原因は経済の部分だけ改革開放、自由化路線を進め、政治改革を一九八九年の天安門事件〔民主化を求める学生運動を天安門広場にて武力で弾圧した事件、別名六四天安門事件〕以降封印してきたことによる、経済体制と政治体制の乖離から生まれている。

たとえば、自由市場経済が拡大しているのに、農民戸籍と都市戸籍を区分する社会主義的戸籍管理制度を維持しているために、移動の自由、就職の自由が制限され、貧富の格差を固定化、拡大化しているという問題。企業の末端まで党組織が支配し、人事や経営方針にまで党が介入するため、法治によるフェアな市場競争が成り立たず、その結果、価格統制や不合理な融資などが企業の成長阻害となるだけでなく、異様な不動産バブル、株バブルなどの経済リスクが生じ、汚職がはびこる要因となっていること。

社会主義的な土地公有制度により、不条理な農民からの土地強制収用〔土地取り上げ〕問題が起き、農民にキャピタルゲインがないこと。共産党の本来の支持母体は基層民と呼ばれる農民・労働者であるが、彼らが搾取される一方で、官僚・企業家・都市民が豊かになり、インターネットの普及に伴って、その激しい格差を労働者・農民も知ることになった。

共産党は農民・労働者の党であったはずなのに、いつの間にか資本家・プチブル層の利権組合になっている現実の前に、彼らの党への不満が膨らんでいくという問題も起きはじめていた。こうした問題の根本的な解決法は、政治改革しかない。ありていに言えば、民主化であり法治国家化だ。

胡錦濤は無能な政治家だったのか

こうした現状から、国内外の知識人たちは胡錦濤がいよいよ政治改革に着手するのではないか、という淡い期待を抱いていた。おりしも二〇〇八年に北京五輪という国際的スポーツイベントが予定されていた。国際協調の象徴であり、平和とスポーツの祭典は、中国が責任ある大国として、民主と法治を尊重する国家に生まれ変わる絶好の機会に思えたのだった。だが、結果からいえば胡錦濤政権に政治改革は無理だった。

じつは政治改革を試みようとした形跡はある。たとえば腹心の政治家・汪洋《おうよう》［一九五五～／安徽省出身。李克強《りこっきょう》内閣で国務院副総理を務める。共青団派］を広東省党委書記にして深圳《しんせん》に政治特区を作る構想なども内々にはあった。だが、政治改革はきわめてリスクが大きく、江沢民を中心とする既得利権派・上海閥勢力や、親世代に党幹部・政治家を持つ中国版二世議員集団、太子党らとの権力闘争につねにさらされ、彼らからいつ足元をすくわれてもおかしくない状況の中で、政治改革を断行できるほどの実力は胡錦濤になかった。

結局、胡錦濤政権のとった方法は、中国の矛盾に対する根本治療ではなく、対症療法だけだった。経済失速が問題視されれば規制緩和し、財政出動し、バブルが異常に膨《ふく》れれば行政指導で規制をかける。為替や株式市場に介入して安定を維持し、社会不満が爆発すれば治安維持力によって抑え込む一方、労働者権利擁護の法整備を行い、反日デモや外資企業でのストライキを黙認してガス抜きをした。

これは満身創痍《まんしんそうい》の重病人に食事療法を指導し、痛み止めを処方して当面の延命をはかっているようなもので、本当に必要な外科手術に手をこまねいているようなものだった。ついに胡錦濤は「共産党の執政地位は永遠ではない」という認識に至り、なんとか自分の政権は対症療法で体制を維持して、リスクの高

汪洋

い外科手術、つまり政治改革を次の政権、習近平に丸投げすることにしたのだ。

こうしたやり方が、胡錦濤は無能だといわれる根拠である。しかしながら重病人の中国をここまで延命させた胡錦濤の現実認識力とバランス感覚もかなりのものだと振り返ってあらためて思う。問題は、何とか延命したものの瀕死の中国を丸投げされた習近平政権が政治改革を行う気配がない、ということである。

経済優先から軍事優先へ

習近平は政治改革に手をつけるのではなく、また経済改革を進めるでもなく、まず軍制改革を推し進めたのだった。旧ソ連崩壊のプロセスから教訓を得て、政治改革に手をつけてはならないと判断した。胡錦濤の「共産党の執政党地位は永遠ではない」という予言を否定するために、強軍化と軍権の完全掌握を目指したのである。

これは端的に言うと、共産党執政の正当性の担保が、経済優先から軍事優先に代わってしまったということだ。習近平の言う「改革」は、胡錦濤政権がやろうとしてやれなかった民主化（党内民主）や自由化、法治化の方向ではなく、毛沢東時代の軍権掌握よ再び、という全く逆のベクトルを向いたのだった。瀕死の中国の治療を任された習近平は、いわゆる西側社会が示す民主化、法治化という最先端医療の外科手術ではなく、中国がかつて使ったことのある少々野蛮な方法、強人独裁体制の復活という方法で、中国の蘇生を試みているわけである。

鄧小平は毛沢東以来の共産党強人独裁体制の弊害を取り除くべく集団指導体制に移行し、経済至上主義路線によって中国社会の自由化を一歩進め、江沢民政権、胡錦濤政権もその路線を受け継いだ。だが、習近平政権は、ある程度経済は自由化したが政治改革がまだ残っている、さあこれから、という状況だった中国にいきなりバックギアを入れて、軍権掌握に党の執政地位の正当性を求めた毛沢東的強人独裁体制の時代にまで引き戻そうとしたわけだ。

しかし、毛沢東や鄧小平時代の軍権に頼った強人政治の復活には、かなりの実力がいる。毛沢東も鄧小平も革命戦争で実戦を積み、激しい権力闘争を勝ち抜き、人心を掌握し、権謀術数を駆使してどん底の中国をまがりなりにも導いてきた。その人間性の是非はともかく、天才戦略家であり天才政治家である。習近平に、そういった強人政治家としての戦略性、実力、人望があるのだろうか。

私は、習近平が毛沢東、鄧小平に匹敵するような人心掌握術にたけた天才肌の戦略家だとは思っておらず、どちらかというと政治家としては凡庸な部類ではないか、と思っている。なので、このベクトルの中国蘇生術は挫折する可能性が大きいのではないか、と見ている。

その挫折は意外に早く、ひょっとすると二〇一七年の第一九回党大会〔中国共産党第一九回全国代表大会の略称。中国の指導者を選出するための大会〕が一つの山場ではないか。

「五輪九年ジンクス」という体制崩壊の予兆

中国共産党は五年ごとに党大会を開く。そのとき、指導者の交代、あるいは継続の承認が行われる。国家指導者はだいたい二期一〇年が慣例であり、その慣例に従えば二〇一七年に総書記、国家主席の交代は行われない。習近平政権は継続するはずである。だが、今の習近平政権の激しすぎる権力闘争と執政ぶりを見ていると、この慣例が必ずしも守られるとは思えないのだ。

そう考える根拠についてはこの本で後に語っていくとして、いわゆる〝五輪九年ジンクス〟というものも頭をかすめるのである。専制国家で五輪を開催すると、その九年前後で体制崩壊が起こる、という都市伝説である。

たとえば、一九三六年のベルリン五輪の九年後の一九四五年にナチスが崩壊。一九八〇年のモスクワ五輪の九年後に東西冷戦構造が崩壊し、一九九一年に旧ソ連が解体。一九八四年のサラエボ五輪の八年後の一九九二年にユーゴスラビア社会主義連邦が解体。一九八八年のソウル五輪は最後の軍人出身大統領・盧泰愚《のてう》政権下で行われたが、続く文民大統領・金永三政権が軍内派閥をつぶし軍事政権残滓《ざんし》を徹底排除して一九九七年に元民主化運動家の金大中政権という純然たる民主主義政権が誕生するのも、五輪後九年目である。きっちり九年というわけでもないが、たしかに九年前後に開催国で体制が転換しているところが多い。

五輪という平和と自由、民主を象徴するような国際的スポーツ大イベントが開催されると、多くの海外観光客が専制国家を訪れることになり、その民間交流の結果、大衆が民主主義的な普遍的価値観に目覚めはじめる。その一方で、五輪運営にかかった莫大な費用のツケによって財政が悪化し、政権の弱体化が起きてしまい、体制の転換が起こりやすい、という理屈らしい。

あくまで都市伝説なのだが、いま中国で起きているさまざまな現象を見ると、まんざらこの予想もはずれではないかもしれない、という気がしてくる。むろん、習近平失脚あるいは体制改革説は、私の希望的観測も入っている。私は習近平政権が強人独裁を確立して、米国をしのぐ強大な軍事力と経済規模を持つ大国になれば、いわゆる米中新冷戦構造の時代が始まり、地政学的にそのはざまにあり、自前の国防軍も持っていない日本には、非常に厳しい国際環境が待ち受けることになるのではないか、と不安に思っている。

もっとも、習近平政権が強人独裁を確立するにしろ、あるいは次の党大会に向けた権力闘争の過程で失脚したり、引退したりするにしろ、どちらに転んでも、今の中国の在り方は、日本にとって、いつはじけてもおかしくない大きな危機をはらんでいる。

習近平の目的が軍権掌握による強固な専制体制の確立であるとすれば、まず日本の安全保障にとって絶対的脅威である。

実際、尖閣諸島界隈の偶発的軍事衝突があってもおかしくないくらい日中関係は緊迫している。これは胡錦濤時代の反日デモによる大衆の不満のガス抜きとはレベルの違う危機である。江沢民、胡錦濤政権時代はまがりなりにも経済成長優先で、そのためになんのかんのいっても日米との関係を重視してきた。だが習近平政権は軍権を掌握するためであれば、日米に対して軍事行動を起こしてもよいと思っているふしがある。あるいは軍事行動を起こすことが、軍権掌握につながると考えているように見える。

中国経済のクラッシュは在中国日本人の危機

次に、習近平政権下で経済回復はほとんど期待できない、ということも日本にとってはリスクである。中国の今の経済政策は外から見てもわかるように、矛盾した政策がまるで交互に行われているような安定していない感じで、それが国際社会の中国に対する信用を著しく落としている。この責任の大半は習近平にある、と私は考えている。

従来の集団指導体制は一種の分業制で、経済政策の指揮は首相が執る。だが、習近平が望むのは自身の強人政治であるから、首相が経済政策で功績を挙げてもらっては困る。ましてや李克強は共産主義青年団出身で胡錦濤派閥という、習近平とは対立派閥にいる政治家である。男の嫉妬がある。リコノミクス（李克強経済学）と期待された経済政策は、いつの間にか習近平に指揮権を奪われた。

だが、経済悪化の責任を李克強［一九五五～／中華人民共和国第七代国務院総理（首相）。共青団派。中国共産党序列第二位］だけが負わされようとすると、彼と彼を支持する経済官僚たちは面白くないのでサボタージュを決め込んだり、あるいは習近平の政策の揚げ足をとるようなことをする。内情を知る中国人学者は、経済官僚が党中央派（習近平）と国務院派（李克強）に分かれて南北戦争を行っている、とささやく。

権力闘争のために、経済政策が安定せず、しかも習近平は経済よりも軍事をプライオリティーの上位に持ってくるので、経済の悪化はとどまることを知らない。不動産バブル、債務膨張が一気にはじけて、中国経済はハードランディング不可避の様相を呈している。

李克強

これは日本経済に大いなる打撃を与えることは言うまでもないが、それだけではない。中国経済が悪化すれば、失業者が増え、中国の社会不安は増大する。当局に向けた抗議活動や官民衝突、貧困テロのような大衆の暴力事件を現状の治安維持力では抑えきれなくなってくると、その矛先が党中央・政権に向かないように、また反日デモや愛国主義運動などが利用される可能性が高くなってくる。胡錦濤政権のときよりも、日中の軍事的緊張は高まっているので、そのときの反日デモは流血沙汰になるかもしれない。経済クラッシュは、在中国日本人の安全の問題にもつながってくるのだ。

また、こうした経済悪化、それに伴う社会不安、治安悪化が進むと、中国人の移民願望、資本逃避願望が高まり、その行く先にはオーストラリアや米国だけでなく、近場の日本も含まれるようになる。日本在住中国人が増えていくことになるだろうが、日中の軍事的緊張が急に高まるような事態になった場合、日本に住む中国人と日本人とのトラブルも十分に予想される。

実際に日中軍事衝突が起きなくても、価値観の違い、モラルの基準の違いからくるトラブルは今より多くなる。また資本逃避を兼ねたチャイナマネーによる日本の不動産、水源、企業の買収などが加速すれば、以前よりも貧困化し不満が強くなった日本人の反中感情も高まる。こうした状況が、日本社会の治安、安定にも影響してくるかもしれない。

権力闘争激化、経済悪化、それに伴う社会の不安定化、それを抑えるための言論統制強化、治安維持強化、それに抵抗する大衆の暴力事件増加、大衆の不満のはけ口として利用される反日世論誘導や戦意高揚プロパガンダ、軍権掌握のための軍事挑発……。

中国にはいつはじけてもおかしくないチャイナリスクがある。日本人がそれにいかに備えるかを考えるには、そのリスクの所在と背景、その大きさをきっちり認識することだろう。

中国の脅威を過剰にあおるつもりはないし、日本人の過剰のおびえや過剰な中国への嫌悪はむしろ、正しいリスク管理には害にしかならない。

煽情《せんじょう》的な中国脅威論ではなく、いま手に入る資料と取材からわかる範囲で、冷静で客観的なチャイナリスクの所在とその背景をこれから解説していきたい。

第一章

習近平は暗殺されるのか

習近平・王岐山暗殺未遂事件

「誰が習近平を謀殺するのか（誰会謀害習近平）」（『黄子佑著』）という電子版書籍が二〇一五年春ごろ話題になった。習近平は党内、軍内かまわず「反腐敗キャンペーン」を建前に大物政敵をバッタバッタと失脚させている。

習近平が突如失脚するとしたら、一番大きな可能性は普通の権力闘争の結果ではなく、暗殺か政変、クーデターである、という主張を書いた本だが、これがまんざら、放言というわけでもないところが、チャイナリスクなのである。

なにせ習近平が暗殺未遂に遭ったのは、噂になっただけでも六件はある。本人も暗殺計画に非常におびえ、今や習近平の護衛についているSPは、テレビのニュース映像などから確認できるだけでも一六人以上に膨らんだ。過去、ここまでどこへ行くにもSPに囲まれていた指導者はいない。

暗殺もクーデターもいつ起きても不思議はない、習近平自身がそう感じているのである。

習近平が暗殺未遂に遭遇したという噂が広がったのも二〇一五年春ごろだ。

香港メディアなどが報じたその代表的な暗殺未遂例を見ると、まず二〇一二年夏の事件である。その年の北戴河《ほくたいが》会議［河北省北戴河で夏に行われる共産党の非公式会議。人事などの根回しを行う］期間の会議室に時限爆弾が仕掛けてあったのが発見された。その後まもなく、習近平が健康診断のために北京の三〇一軍病院へ訪れた際に、用意されていた注射針の中に毒を仕込んだものが混じっていたのが発見された。二〇一三年には、地方視察の際に乗る自動車が交通事故を起こすようにタイヤが細工されたり、確認されるだけでも六回以上の暗殺未遂事件があったという。

これは、元政治局常務委員［中国共産党の最高意思決定機関の委員］で元党中央政法委員会として公安警察のトップに君臨していた周永康《しゅうえいこう》［一九四二～／第一七期中国共産党中央政治局常務委員。二〇一五年汚職で無期懲役刑が下され失脚。薄熙来《はくきらい》と親密］が黒幕で、習近平周辺の警備担当者や助手たちが加担した、といわれている。この実行犯の警備担当者・譚紅《たんこう》［周永康の秘書を務める。周永康による習近平暗殺の実行犯とされる］はその年の一二月に逮捕されている。

習近平だけではない。その片腕であり中央規律検査委員会書記として、腐敗官僚退治の直接指揮を執る王岐山《おうきざん》［一九四八～／第一八期中国共産党中央政治局常務委員。序列は七人中六位。太子党］も一二回以

周永康

上の暗殺未遂に遭っている。

二〇一四年の春節（旧正月）前、王岐山のもとに届いた年賀状にシアン化ナトリウムが仕込まれていた。二〇一四年三月中旬、全人代［全国人民代表大会。春の政治イベントで日本の国会に似ている］閉幕直後のこと、王岐山が吉林省《きつりんしょう》に向かうために車に乗ろうとしたとき、車列の多くの後輪タイヤのネジが人為的に緩められていることに安全部門が気づいたこともあった。気づかずに出発していたら大事故を起こしていたかもしれないという。

二〇一三年八月下旬、王岐山が江西《こうせい》省南昌を訪れたとき、滞在した宿泊所で約五〇分の停電があった。この停電に乗じて、二人の〝陳情者〟が〝冤罪《えんざい》申請書〟を王岐山に手渡そうとして乗り込み、逮捕された事件が起きた。この二人は元警官で、反腐敗キャンペーンのあおりでクビになったのだった。後の調べで、彼らは王岐山を殺害するために雇われた者で、失敗した際に自殺する準備もしていたという。

これら王岐山に対する暗殺未遂事件には、中央規律検査委が雇用したアルバイトや本物のSP（特別警察）の身分証明証を持った人間まで加担していたらしい。王岐山は二〇一五年二月下旬から三月初めにも、山西《さんせい》、天津《てんしん》、河南《かなん》などで暗殺未遂事件に遭遇している。山西省

王岐山

では党校［中国共産党中央党校。高級幹部の養成機関］、省警察官高等専科学校の視察スケジュールが突如キャンセルになったのだが、どうやら出発直前に、現場に行く経路にスナイパーが潜伏しているという情報が中央保衛部経由でもたらされたらしい。その後、省の武装警察官二人が容疑者として逮捕されるも、すぐに衣類の襟に仕込んでいた毒薬カプセルを嚙んで自殺したという。

二〇一五年三月二七日から二八日にかけて、王岐山が河南省の調査に出かけたときのこと。二八日早朝、ある党の招待所で停電があり、予備電源に切り替わった。だが五〇分後に再度停電。その瞬間、駐車場に停車してあった省の党委員会保衛部専用車三両が爆発した。じつは、この招待所は王岐山一行が二七日夜に宿泊する予定だったが、直前に予定を変えて鄭州《ていしゅう》市の警備区招待所に泊まったのだ。もし予定どおりであれば、王岐山はその朝、爆発した三両の車のどれかに乗り込んだかもしれない。

こういった暗殺計画については、中南海［故宮に隣接する共産党中央委員会の所在地］内に本当の黒幕がいるのではないか、という噂が立った。

習近平を襲ったクーデター未遂騒ぎ

暗殺騒ぎにとどまらず、クーデター未遂もあったという情報がある。

たとえば二〇一五年三月、全人代開幕直前に、中央警衛局〔中央弁公庁警衛局＝中南海の警備や中国要人の警護にあたる中国版シークレットサービス〕の局長・曹清《そうしん》〔一九五二～／中国人民解放軍中将。一九七六年に毛沢東夫人の江青《こうせい》ら「四人組」の電撃逮捕で有名〕や副局長・王慶《おうけい》〔中央警衛局元副局長。二〇一六年一月、タイに逃走をはかる前に逮捕〕らが突然更迭《こうてつ》された背後には、クーデター計画の発覚があったからだと信じられている。

やはり香港で出版されて当時話題になったゴシップ本『中央警衛局政変始末』（香港・広度出版）によれば、中央警衛局が、党総書記の習近平と中央規律検査委員会書記の王岐山の身柄を「国家の崩壊を招きかねない重大な錯誤」や「反腐敗の名を借りて共産党政権の転覆《てんぷく》をはかろうとした」容疑などを理由に拘束し、その間に政治局拡大会議で、二人の職務停止を正式にしてもらい権力の争奪《そうだつ》をはかる、といった計画があったとか。

この本は、中身は面白いのだが、事実かどうかは全く裏がとれない典型的な香港ゴシップ

曹清

本である。だが、中央警衛局内に「習近平暗殺計画」があったという〝噂〟はたしかに流れており、私も至るところで耳にしていた。これは、同年三月三日に米国発の華字ネットニュース・博訊《ぼしゅん》が特ダネとして報じ、そのあと香港親中紙・星島日報、反中紙・蘋果日報もよく似た内容を報じている。博訊によると首謀者は王慶で、曹清はそれに連座する形での更迭という話もある。真相は藪《やぶ》の中だが、その後に開催された全人代の異様な緊張ぶりや、警備のものものしさなど尋常ではなく、なんらかの特殊な事件があったのは間違いない。

　中国では中央警衛局によるクーデターが過去にあった。一九七六年一〇月六日、毛沢東の後継者地位を狙う江青〔一九一四～一九九一／毛沢東主席の夫人。「四人組」を形成し文化大革命を主導〕ら四人組を電撃逮捕した実行部隊は中央警衛局だ。一般に華国鋒《かこくほう》〔一九二一～二〇〇八／毛沢東死後の中国最高指導者で文化大革命を終結させた〕クーデターと呼ばれる四人組逮捕劇にはじつは軍制服組トップの葉剣英《ようけんえい》〔一八九七～一九八六／軍人・政治家で中国人民解放軍創設者の一人〕元帥《げんすい》が指導した中央警衛局のクーデターともいえる。

　曹清は葉剣英の護衛を経験した生え抜きの中央警衛局トップ

華国鋒

葉剣英

で局内では厳然とした影響力を持っていた。習近平は総書記に就任してから、中央警衛局で強固な権力を持つ曹清を警戒しており、中央警衛局の幹部人員の大幅な入れ替えを行った。曹清ら中央警衛局守旧勢力は自分たちが追い詰められていることをヒシヒシと感じており、窮鼠猫《きゅうそねこ》を噛む式で、なんらかのアクションを起こす準備を進めていたとも考えられるし、あるいはクーデター計画をでっち上げられて、一網打尽《いちもうだじん》に排除されたとも考えられる。

この事件以来、習近平がクーデターで倒されるシナリオ、あるいは暗殺されるシナリオは、妄想ではなく、現実に起こりうる習近平政権のリスクであるというふうに国内外で認識されるようになった。

米国の著名な中国専門家で政治学者のデービッド・シャンボー〔ジョージ・ワシントン大学教授〕も「共産党統治の終焉《しゅうえん》は多くの人々が思っているよりすでに深みにはまっている。……私は習近平が権力闘争あるいは政変で倒される可能性を排除できない」（ウォールストリートジャーナル、二〇一五年三月一〇日付）と述べている。

エルドアン流クーデター制圧術を見習え

クーデターといえば、ちょうどこの本の執筆中の二〇一六年七月一五日にトルコでクーデター未遂事件が起きた。この日、午後一〇時ごろから、トルコでエルドアン大統領〔一九五四〜／第一二代トルコ共和国大統領〕失脚を狙ったクーデター未遂事件が起きた。だがクーデター発生一二時間後の翌朝には反乱軍が鎮圧された。

この事件は世界を震撼《しんかん》させたが、なかでも中国の習近平政権の反応は素早かった。時差があるので習近平が事件を知ったのは一六日未明だったという。すぐさま、側近の部下、栗戦《りっせん》書《しょ》〔一九五七〜／河北省出身。第一八期中国共産党中央政治局委員。共青団出身〕に、党と政府と軍の高官を中南海に招集するよう命じて、〝対策〟を協議したという。

トルコのクーデターで、なぜ習近平が慌てて対策会議を開くのか？　実際トルコのクーデターと中国は無関係だ。習近平が懸念したのは、中国国内のクーデターだった。彼は、中国で近いうちにクーデターが起きるのではないかと日々戦々恐々としており、トルコでクーデター発生と聞いて、刺激を受けて中国でも動く者がいるかもしれないと、あるいはエルドアンのクーデター鎮圧の手際を研究して、すぐさま自国のクーデター予防対策に応用したいと思ったようだ。

エルドアン大統領

栗戦書

博訊などの華字ネットメディアが伝えた話を参考にすると、会議で習近平は、トルコのクーデターを一二時間で鎮圧し、未遂に終わらせたエルドアンの手法に興味を持った。

エルドアンは避暑地マルマリスのホテルで休暇中だったが、反乱軍兵士が襲撃する二〇分前にホテルから専用機で脱出。イスタンブールに向かう途中、二機のF16にロックオンされるも、専用機のパイロットが民間旅客機だと主張して撃墜されずに助かった。

一六日未明、イスタンブールにたどり着いたエルドアンは国営テレビが軍に占拠《せんきょ》されているので、民放テレビにスマートフォンのFaceTimeを通じて登場、国民に反乱軍に抵抗せよ、と呼びかけた。ツイッターでも「民主主義と国の前途を守ろう」と呼びかけ、こうした呼びかけに応じて市民はツイッターなどで連絡を取り合い、街に繰り出し、反乱軍の戦車を取り囲み、クーデター阻止に参加した。

一部兵士は市民に向かって発砲、戦車が人をなぎ倒す事態も発生したが、市民の反乱軍に対する怒りはさらに高まり、さらなる抵抗を呼んだ。やがて一六日午前八時には反乱軍が人質に取っていたフルシ・アカル参謀総長が救出され、反乱軍の兵士らも続々と治安当局に投降を始めた。午前一一時にはウミット・デュンダル参謀総長代行によりクーデター失敗が宣言された。

ちなみに、このクーデターを誰が仕掛けたのかについては、いろいろ議論がある。エルドアン側は米国に亡命しているエルドアンの政敵でイスラム道徳運動［イスラム主義と世俗主義は矛盾しないという考えをベースに教育の重要性を説く運動］の指導者フェトフッラー・ギュレン［一九四一～／学者でトルコにおけるイスラーム道徳をベースにする市民運動の指導者］が首謀《しゅぼう》者であると主張し（ギュレンは否定）、ギュレンの引き渡しを求めている。あまりにもエルドアンの反乱軍鎮圧《ちんあつ》の手際がよすぎるので、自作自演説もある。

このクーデターを機に、エルドアンはギュレン派、教育関係者、メディア関係者ら四万五〇〇〇人以上を粛清《しゅくせい》しているので、政敵を一掃するために自作自演したのだという説だ。またシリアのアサド大統領と昵懇《じっこん》で、シリア内戦に重要な役割を果たすトルコの弱体化を望む米国陰謀《いんぼう》説もある。その米国の陰謀をいち早くつかんだロシアがエルドアンにクーデター計画の情報を伝えたので、先手を打って準備し、政敵の一網打尽の好機にしたという。

習近平のクーデター予防策とは

習近平はこのトルコのクーデター未遂事件に並々ならぬ関心

フェトフッラー・ギュレン

を持ち、幹部連を会議に招集し、すぐさまこの事件を分析し、教訓をくみ取れと命じた。そして「クーデター予防」措置のためプランを一新したのだった。

そのキモは、

▼党政、軍の最高幹部層、中央警衛局全部の人員の再度の背景、身辺調査の実施、何らかの〝疑念〟があれば即更迭すること

▼海・陸・空三軍および首都防衛を担う衛戍《えいじゅ》部隊、武装警察、公安消防などに対して、政変対応模擬演習の実施

▼人民日報、新華社《しんかしゃ》、中央テレビ（CCTV）など重要メディアの警備工作の見直し強化

▼ネットに対する監視コントロールの強化とモバイル、電信、ネット通信運営企業に対する警備工作強化

▼水道・電気など重要ライフライン、インフラおよび重要道路交通施設の警備工作強化

……さらに恐ろしいことに、「治安維持における最重要点は、全国各地の大衆・世論の厳密なコントロール。不穏の目を見つけたらすぐさま萌芽の状態のうちに消滅させよ」と訴えたのだった。

白昼堂々と軍隊に襲われた胡錦濤

じつは、中国の国家指導者が暗殺者に狙われるのは決して珍しいことではない。

習近平の前の国家主席の胡錦濤は江沢民派に三度暗殺されかけたことがあると香港メディアは伝えている。いちばん有名で派手な暗殺未遂は二〇〇六年五月一日の黄海での北海艦隊視察中に起きた「張定発《ちょうていはつ》黄海事件」だ。

胡錦濤が最新鋭のミサイル駆逐艦に乗って北海艦隊を視察していたところ、突然二隻の軍艦が同時に挟み撃ちするように、胡錦濤の乗っている駆逐艦に向かって砲撃、艦上の五人の兵士が死亡した。

胡錦濤は、すぐさま艦上ヘリに乗って脱出し、北京ではなくチベットに避難。これは誤砲撃を装って、白昼《はくちゅう》堂々と国家最高指導者を暗殺しようとした事件である。逮捕された、当時の砲撃手は、命中させれば昇進が約束されていたと取り調べで自白した。

二〇〇六年一二月一四日、この事件の責任者である海軍司令、張定発〔一九四三〜二〇〇六／軍人。中国人民解放軍首脳の一人。二〇〇六年に肺癌で死去〕は病気のため急死したことになっている。

公式にはほとんど発表されず、新華社、解放軍報も報じず、人民海軍報の中で簡単にその死が伝えられただけであった。自殺という噂が立った。

張定発は上海人であり、江沢民が中央軍事委主席を引退する二〇〇四年に、置き土産に海軍司令に抜擢《ばってき》した生え抜きの上海閥［六四天安門事件後、江沢民が上海時代の部下を中心に形成した派閥］。実行犯のミサイル誤爆兵士らの取り調べでは、張定発が江沢民の命令を受けて、部下に指示し、胡錦濤暗殺に成功すれば、大きな昇進が約束されていたという。だが、張定発は一二月に秘密を抱えたまま死んでしまったので真相は不明なままだ。

ちなみに胡錦濤暗殺の二度目は二〇〇七年一〇月二日、上海世界夏季特殊五輪の開幕式でのこと。胡錦濤は開幕宣言を行うために出席し、上海西郊賓館の宴会にも参加した。このとき、賓館地下の車庫に駐車してあった食品運搬車の運転席の下から二・五キログラムに及ぶ爆薬のついた自動爆破装置が発見された。

三度目は二〇〇九年四月二三日、青島で解放軍海軍有史以来の最大規模の海上閲兵式でのこと。胡錦濤は閲兵式開始直前に、江沢民の命を受けた一部艦艇が二三日午前九時の閲兵式開始と同時に、胡錦濤をめがけて〝誤爆〟を装い暗殺する計画があるとの情報を得て、急きょ予定を変えて、閲兵式の前に参加した外国の海軍代表との会見を先に行い、その間に、胡錦濤を狙う予定の解放軍艦艇を特定し、容疑者を逮捕。その後、胡錦濤はスーツ姿で閲兵したが、その表情は明らかにひきつっており、中央軍事副主席の郭伯雄に向かって敬礼するときの手が震えていた。

このように暗殺未遂自体は決して珍しくない。それほどに中国の権力闘争は激烈であり、〝殺られる前に殺らねばならない〟という発想を党中央の指導者たちはいつも頭にとどめているのだ。

ルールなき権力闘争

歴代指導者の中でも習近平は敵が多い。これほど恨みを買う習近平の権力闘争とはどういうものか。

一言で言えばルールなき権力闘争、共産党秩序を破壊した権力闘争といわれている。

習近平の権力闘争を振り返ると、薄熙来事件を皮切りに、公安トップの元政治局常務委員であった周永康を倒し、解放軍を牛耳《ぎゅうじ》る退役上将の徐才厚《じょさいこう》［一九四三〜二〇一五／軍人。第一七期中国共産党中央政治局委員。習近平により党籍を剝奪《はくだつ》される］、郭伯雄《かくはくゆう》［一九四二〜／軍人。第一六期中国共産党中央政治局委員。引退後の二〇一五年に汚職容疑で逮捕］の軍制服組両巨頭をつぶし、胡錦濤側近であった党中央統一戦線部長の令計画《れいけいかく》［一九五六〜／第一七期中国共産党中央委員。共青団出身。末弟の令完成《れいかんせい》はアメリカに逃亡］をつぶしてきた。

そして次なるターゲットは、現役の政治局常務委員の劉雲山《りゅううんざん》〔一九四七〜／第一八期中国共産党中央政治局常務委員。序列は七人中五位。共青団出身〕や党中央宣伝部長の劉奇葆《りゅうきほう》〔一九五三〜／第一八期中国共産党中央政治局常務委員。共青団出身で「団派」に属する〕といった党中央宣伝部の中枢《ちゅうすう》、広東省党委書記の胡春華《こしゅんか》〔一九六三〜／第一八期中国共産党中央政治局委員。共青団出身で「団派」メンバー〕ら共産主義青年団（共青団）の若手ホープや、ひょっとすると今まで倒されそうで倒れていない上海閥のボスにして元国家主席・江沢民の息の根を止めにくるかもしれない、といわれている。

ここに挙げた政治家・軍人たちは、中国共産党中央で大きな権力を持つ「大虎」級の人物である。習近平の権力闘争はつねに「反腐敗キャンペーン」という政治家・官僚汚職の追及のスタイルで仕掛けられている。

毛沢東、鄧小平のころの権力闘争は「反革命罪」を追及されたものだが、江沢民政権以降の権力闘争は、建前は汚職摘発だった。

劉雲山

劉奇葆

胡春華

習近平政権の反腐敗キャンペーン

習近平は解放軍、上海閥、団派の三勢力の重要人物を次々と腐敗・汚職で摘発。かつての恩人・徐才厚にも政治局常務委員経験者の周永康にも容赦のない共産党秩序を破壊する権力闘争を展開した。

中国は権貴《けんき》政治〔権力と富が結びつく〕と呼ばれる政治システムからいっても、伝統的な政治文化からいっても、汚職と無縁の官僚・政治家はほとんど存在しない。なので、取り調べを受ければ誰しも汚職で起訴され有罪となりうる。

誰を取り調べ、失脚させるかは、まさしく最高指導部の権力闘争で決まってくる。

だが、そこにもし秩序やルールがなければ、最高指導部の面々がお互いをつぶしあう事態もありうる。そうなれば共産党中央は分裂し、かつての文化大革命や天安門事件のような社会動乱を伴う大事件となり、共産党体制そのものが崩壊することになる。

鄧小平と胡耀邦《こようほう》〔一九一五～一九八九／第三代中国共産党中央委員会主席。その死が六四天安門事件の引き金となる〕の権力闘争による胡耀邦失脚が遠因となり、鄧小平と趙紫陽《ちょうしよう》〔一九一九～二〇〇五／「第二世代」の政治指導者として第二代中国共産党中央委員会総書記などを歴任。天安門事件で失脚〕の権力闘争で拡大した天安門事件では、共産党体制はあわや崩壊というところまで追い込まれて、なんとか鄧小平の武力鎮圧という力技で収束させた。

胡耀邦

趙紫陽

鄧小平はこの経験から最高指導部内でお互いがトドメを刺しあうような権力闘争を起こさないように「集団指導体制」という複数（奇数）の指導者に国家・党運営を分業させ、最終決定を多数決で行うシステムを導入。また「刑不上常委」と俗にいわれる政治局常務委員経験者を起訴しない不文律も作った。

つまり、政治局常務委員は司法上の罪に問われないという意味で、「刑不上大夫」という中国の古典『礼記《れいき》』〔周から漢にかけて儒学者がまとめた礼に関する書物を戴聖《たいせい》が編纂したものである。全四九篇〕にある言葉をもじった表現だ。

士大夫＝高級官僚は当然高い倫理規範を持っているので、刑罰の対象にならないという古代中国のしきたりが今に通じるという皮肉でもある。

だが、この不文律は、権力闘争の激しい中国で、なんとか集団指導体制を瓦解せずに維持するための要だった。

江沢民、胡錦濤政権時代の権力闘争、つまり腐敗摘発は、この鄧小平が作った共産党秩序にのっとったものだった。だが習近平はこの共産党秩序を真っ向から破った。その象徴的事件が周永康事件である。

中国の権力闘争と派閥の構造とは

中国の権力闘争というのは、政治局常務委員という最高指導部メンバーや最高指導部を経験して引退した長老が、それぞれ派閥をつくり、利権やイデオロギー、政策路線で対立し人事権を握ろうとする中で繰り広げられる。

今の中国の派閥状況を見ると、鄧小平が後継者に指名した上海市党委書記出身の江沢民が利権ネットワークを基礎につくり出した上海閥（江沢民派）、共産党の若手エリート育成機関・共産主義青年団（共青団）出身者の胡錦濤を中心とした官僚主義的政治家グループ・団派（胡錦濤派）、新中国建国初期の政治家や官僚の子弟子女、いわゆる二世議員に当たる太子党［そのうち革命戦争を経験した革命家の子弟子女を紅二代《こうにだい》と呼ぶ］、そして習近平が自分に忠実な官僚や政治家を集めた陝西閥《せんせい》（あるいは習近平派）の主に四派が絡《から》みあっている。

太子党《たいしとう》は派閥というより、血統集団の総称で、太子党の中にも上海閥や団派や陝西閥がある。このほか利権ごとに石油閥、電信閥、水利閥、レアアース閥といった派閥があり、また山西閥《さんせい》、四川閥《しせん》、江蘇閥《こうそ》、遼寧閥《りょうねい》といった地縁《ちえん》の派閥もある。

［胡錦濤 vs 江沢民］権力闘争の相関図

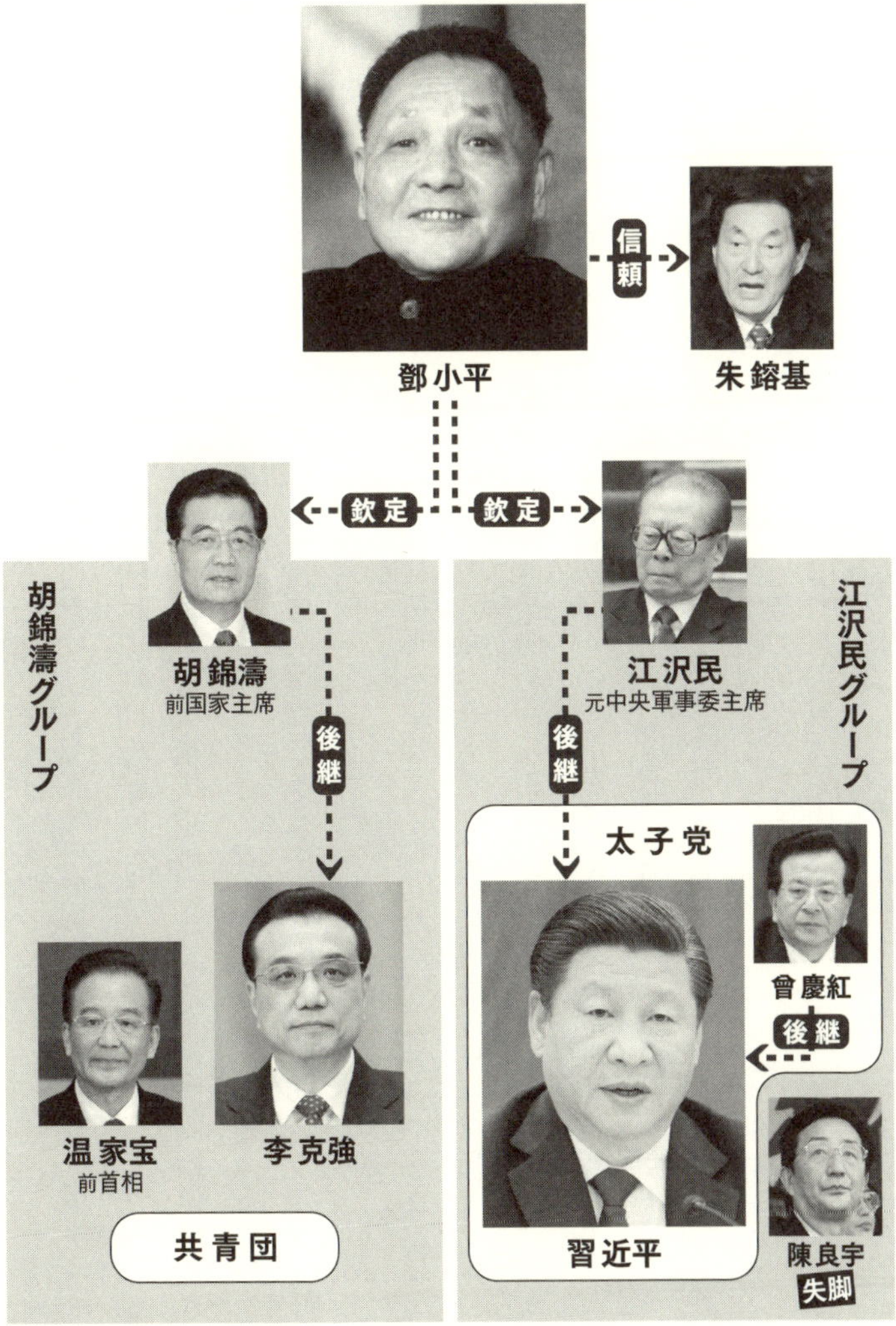

胡錦濤VS江沢民の権力闘争で、上海閥のエースと期待されていた陳良宇が失脚、習近平がその血統の良さから、太子党の実力者・曾慶紅の後押しを得て、棚ぼた式に総書記後継者ポストを手に入れた。

一九四二年生まれの周永康は、いわゆる太子党、紅二代ではなく、もとは貧農出身の石油エンジニア。努力型の秀才であり、中国近代化に伴って石油事業が国家重点産業と重視される中で順調に出世し、国有企業の中国石油天然気集団副総裁に上り詰めたあと、一九九八年の江沢民政権・朱鎔基《しゅようき》［一九二八〜／第五代国務院総理などを歴任。大胆な経済改革を試みた］内閣のときに国土資源部長に転身、四川省党委書記を経て中央指導部への出世街道をまい進する。彼の出世は江沢民に抜擢《ばってき》された形であり、上海閥の一員である。また石油企業出身なので石油閥であり四川《しせん》閥の中心であった。

胡錦濤政権下で胡錦濤は、引退した後も解放軍を手なずけ、政治に影響力を持とうとした江沢民との激しい権力闘争を展開するが、その権力闘争では江沢民が優勢で、上海閥の周永康は公安部長を経て党中央政法委員会書記で政治局常務委員、つまり司法・公安部門の最高権力者となる。周永康がそこまで出世したのは、石油利権を独占する石油閥の立場にあり、潤沢な資金を用意できたことも関係する。周永康は警察や治安維持を担当する軍の下部組織・武装警察の指揮権を持ち、石油利権で得た資金も豊富な最強クラスの政治家にのし上がった。

周永康が政治局常務委員にのし上がったほぼ同時期、習近平は上海市党委書記出身で、江沢民とその腹心の太子党のボスである曾慶紅《そうけいこう》［一九三九〜／第一六期中国共産党中央政治局常務委員。

「第四世代」といわれる。太子党」に推される形で、ポスト胡錦濤の地位に就いていた。

一九五三年生まれの習近平は、建国八大元老《げんろう》と呼ばれた政治家・習仲勲の長男で、太子党で紅二代に属する。江沢民に抜擢されたという意味では上海閥だった。少なくとも胡錦濤政権下では。実力でのし上がったというよりは、習仲勲の息子という毛並みのよさと、胡錦濤VS江沢民の権力闘争で本来ポスト胡錦濤と目されていた陳良宇《ちんりょうう》［一九四六～／第一六期中国共産党中央政治局委員、元上海市市長。上海閥］の失脚で棚ぼた式に手に入れた出世だった。胡錦濤が大事に育てていた団派のホープ李克強を押しのけて次期総書記のポジションに就いたのも、実力というよりは江沢民らの権謀術数《けんぼうじゅっすう》のおかげである。

北京大卒のエリートで美男子・薄熙来のクーデター計画

このことから、周永康ら上海閥の先輩からは、総書記候補とはいえ、習近平はかなりなめられた存在であった。

そのような〝なめられた〟習近平が、いざ政権トップの座に就くと、ものすごい勢いで、自分の派閥をつくり、また自分にたてつく勢力を「反汚職」の名目で排除していこうとする。習近平は父親・習仲勲が文革で反革命罪の汚名を着せられ、自分も下放先で苦労した経験があったことから、権力闘争に対しては強い警戒感があった。しかも、胡錦濤政権後期の五年間は国家副主席の立場で、江沢民VS胡錦濤の激しさも目の当たりにしていた。

おそらくは先手必勝、躊躇していれば自分が潰されると考えたのかもしれない。

実際、周永康は、習近平の運命的なライバルである薄熙来とともに、二〇一七年に習近平から政権を奪うクーデターを計画していたとささやかれている。

薄熙来〔一九四九～／第一七期中国共産党中央政治局委員兼重慶市党委員会書記。太子党〕は八大元老・薄一《はくいっ》波《ぱ》〔一九〇八～二〇〇七／山西省出身。国務院副総理などを歴任した中共八大元老の一人〕の息子で、習近平と同じ太子党の紅二代、政治家サラブレッドの血統だ。

幼少期は兄弟のように育ち、ほとんど同じ時期に地方官僚からスタートして出世を争った。薄熙来は美男子であり北京大学卒業のエリートであり野心家であった。実力もないのに棚ぼた式で総書記の座に就いた習近平をばかにし、また嫉妬《しっと》していた。

習近平が中央で次期総書記の座にあったとき、薄熙来は重慶市党委書記だったが、そこで「打黒唱紅」（汚職を打倒し革命歌を歌う）という文革もどきの大衆動員政治キャンペーンを展開し、存在感を増していた。だが、彼はその陰で公安トップの周永康と同盟関係を結び、

薄熙来

習近平を権力の座から追い出す準備を進めていたという。

　この薄熙来のクーデター計画は、胡錦濤政権末期に暴かれる。

　きっかけは、薄熙来の腹心といわれた重慶市公安局長・王立《おうりつ》軍《ぐん》［一九五九〜／〝打黒〟の執行人。二〇一二年二月六日、成都のアメリカ合衆国総領事館に駆け込む］の裏切り、いわゆる王立軍事件だ。薄熙来の妻、谷開来《こくかいらい》がただならぬ関係であった英国人実業家のニール・ヘイウッド［英国人実業家で薄一家が不正蓄財した資産を海外移転する役割を担っていた］を毒殺したヘイウッド事件の真相隠蔽《いんぺい》に協力した王立軍に対して、薄熙来がその事件をたてに自分をゆするのではないかと疑いはじめたのが裏切りの背景だ。

　王立軍は薄熙来と周永康のクーデターに関する謀議の記録などの機密を持って四川省成都市の米国総領事館に逃げ込み亡命申請する。オバマ政権はこのとき胡錦濤政権との関係を重視して王立軍の亡命を拒否、死刑にしない約束で身柄は胡錦濤政権に引き渡された。このことから薄熙来のたくらみが明るみになり、薄熙来は二〇一二年三月一五日に重慶市党委書記を解任さ

ニール・ヘイウッド

谷開来

王立軍

せられ、〝重大な規律違反〟〝汚職〟で失脚する。クーデター計画はあくまで〝噂〟であり、公式には認められていない。

大物政治家・周永康を無期懲役に

胡錦濤が薄熙来を失脚させることができたのは、王立軍の裏切りのせいもあるが、彼が政治局常務委員でなかったからである。薄熙来とクーデターを共謀していたという噂の周永康は現役の政治局常務委員であり、「刑不上常委」の不文律に従えば周永康を有罪にすることは無理だった。

そんななかで二〇一二年三月一九日未明に起きたとされる「三・一九政変」の噂が流れる。胡錦濤がなりふり構わず周永康を仕留めようと起こした〝でっちあげ政変事件〟が起きたという。

これは前述した中央警衛局政変と同じく、裏のとれない香港情報しかない。だが、この日未明、周永康の事務所がある政法大楼建物付近で大量の装甲車《そうこうしゃ》が目撃されたり、インターネット上で「銃声が聞こえた」「何かが起きている」といった書き込みがあふれたりした。一部香港メディアは、「周永康がクーデターを起こした」として、それを制圧するという名目で胡錦濤が第三八集団軍一一三師団を動かした、という情報を流した。

だが、解放軍に厳然と影響力を持ち続けていた江沢民が軍を撤退させ周永康を救った、という。いずれにしろ、胡錦濤政権下では周永康は逃げきったのだった。

だが、二〇一二年秋に習近平が総書記の座を継ぐと、状況は変わった。周永康は現役を引退しているが、政治局常務委員経験者なので、彼の罪を問うことは一般に無理筋だと思われていた。だが、習近平は序章で述べたように、軍権掌握を最重要課題としており、解放軍を牛耳る徐才厚、郭伯雄と公安および武装警察の実力を握る周永康を何としても排除するつもりでいた。

習近平は文革時代に同じ陝西省に下放され、思春期の苦労を共にした王岐山を中央規律検査委員会書記の地位に就け、大々的な反汚職キャンペーンを展開する。二〇一三年一月の中央規律検査委員会で「虎もハエもたたく」（大物官僚・政治家・小役人のどちらの汚職も徹底的に追及する）のスローガンが打ち出されたが、このときの〝虎〟が周永康を指すことは明らかだった。

二〇一二年一二月ごろから周永康の〝子分〟たちから粛清しはじめた。側近の李春城《りしゅんじょう》［一九五六〜／遼寧省出身］・元四川省党委副書記ら四川閥、元中国石油天然気集団会長で現役閣僚

（国有資産監督管理委員会主任）の蔣潔敏《しょうけつびん》［ペトロチャイナ（中国石油）会長。石油・ガス業界在籍時の収賄や職権乱用などの罪で起訴された］ら石油利権閥、元公安副部長の李東生《りとうせい》［二〇一三年、収賄《しゅうわい》の罪に問われ、二〇一六年に懲役一五年、不法所得一〇〇万元没収となる。江沢民一派］ら政法委閥らが軒並み汚職で失脚させられ、周永康に対する包囲網を狭めていった。

上海閥のトップ江沢民と太子党のボス曾慶紅との太い人脈を持ち、しかも政治局常務委経験者という立場の周永康を失脚させるには抵抗勢力も多かったが、二〇一三年八月に周永康の汚職取り調べ方針が共産党指導部で決定した。

二〇一四年三月までに周永康に関わる人物、家族も含めて三〇〇人以上が共犯者として取り調べを受け、汚職額はわかっているだけで九〇〇億元という前代未聞の大汚職摘発劇となった。二〇一四年八月、新華社は、党中央規律検査委が周永康の〝重大な規律違反〟について立件したと報じ、周永康の起訴方針が決定した。その年の一二月五日をもって周永康は党籍を剝奪さ

李春城

蔣潔敏

李東生

れ司法の手に委ねられる。

起訴されたのは二〇一五年四月三日。政治局常務委経験者が起訴されるのはこれが初めてだった。無期懲役、政治権利の終身剝奪と財産没収という重い判決を言い渡されている。

周永康を失脚させたことに勢いを得た習近平は二〇一四年三月、周永康とも昵懇であった元中央軍事委員会副主席の退役上将・徐才厚の身柄拘束に踏み切る。

恩人の軍長老・徐才厚を排除する

中国人民解放軍のナンバー2、制服組トップまで上り詰めたことのある当時七一歳の退役上将・徐才厚は末期の膀胱《ぼうこう》がんのため北京の三〇一軍病院で治療中だったが、中央軍事委規律検査委員会に無情に連行された。その約三カ月後、六月三〇日に党籍を剝奪され、即時逮捕となった。徐才厚ほどの地位の人間が、党籍剝奪にまで至ると確信していた人は少なくとも二〇一三年の段階ではほとんどいなかった。

徐才厚は、江沢民の抜擢によって出世を果たした軍内における江沢民の代理人であり、江沢民とは深い利権でつながっている。出身は遼寧省であり、軍内人事権に多大な影響力を持つ徐才厚は瀋陽軍区の人間を優先して出世させ軍中央に遼寧閥を形成。また将校の地位の事実上の売買など軍内腐敗の元締め的存在でもあった。

徐才厚の金庫番と呼ばれた総後勤務部副部長の谷俊山《こくしゅんざん》〔一九五六～／河南省出身。人民解放軍中将。徐才厚への多額の賄賂《わいろ》の罪に問われ失脚〕が二〇一二年二月に汚職で失脚したあたりから、習近平の汚職追及の手は徐才厚にまで及ぶのではないかと思われていたが、二〇一二年一一月の第一八回党大会で党の役職からすべて退き、しかも末期がんを患《わずら》っていたので、見逃してもらえるのではないか、という見方もあった。だが習近平に容赦はなかった。

谷俊山

習近平の冷酷さに党内はざわついた。
徐才厚と習近平はけっして赤の他人ではない。徐才厚は習近平に対し、同じ上海閥の期待のエースとして、江沢民の頼みを受けて将来的に軍内の後見人役となる約束をしていた。解放軍に所属する歌姫、習近平夫人の彭麗媛《ほうれいえん》〔一九六二～／中国の軍隊歌手。中国国家一級演員〕に対しては父娘といってもいいような深い親交があった。習家のホームパーティでは、徐才厚はたびたび主賓格で招かれ、習近平も心を込めて接待する姿がしばしば見かけられていた。つまり地位が高いだけでなく、恩人であり身内といってもいいような人間関係の老い先短い重病の老人を病床からひったてて訊問し、刑事罰を科す、というのは従来の共産党的秩序や中国的長幼の序からは考えられなかった。

徐才厚は二〇一五年三月一五日、起訴を待たずにがん悪化による多臓器不全で死亡。だが、これは病死というより憤死に近い、と党内でも噂になった。

続いて徐才厚と並ぶ大物軍長老、郭伯雄も潰しにかかる。

十数人の愛人がいた軍長老・郭伯雄を逮捕

郭伯雄は東北の虎と呼ばれた徐才厚と並んで、西北の狼と称された江沢民時代から軍を牛耳っていた上将である。産経新聞によると、北京市内で軟禁状態にあった郭伯雄を、杜金才・中央軍事委規律検査委員会副書記が二〇一五年四月九日に訪ね、「双規」（党内における取り調べ。事実上の身柄拘束）を通告した、という。

同年七月三〇日に党籍を剝奪され、二〇一六年四月五日までに起訴された。七月二五日に無期懲役判決を言い渡された。

郭伯雄は一九四二年生まれ、陝西省出身。江沢民国家主席に見いだされて、順調に出世し、解放軍総後勤部部長、北京軍区副司令、蘭州《らんしゅう》軍区司令などを歴任し二〇〇二年には中央軍事委副主席となり、中央政治局委員、解放軍常務副参謀長まで務めた。徐才厚と並んで、江沢民が自分の軍内における権力固めに出世させた上将であり、解放軍における江沢民の代理人である。

すでに失脚している元総後勤部副部長の谷俊山と組んで、大量の軍事用地を売りさばき、周永康らと共謀して不正蓄財をはかったという。郭伯雄の蓄財額は二〇一〇年の段階ですでに一〇〇億元を超え、広東《かんとん》、福建《ふっけん》、江蘇、北京、雲南《うんなん》、広西《こうせい》、陝西、甘粛《かんしゅう》などに一〇〇を超える不動産を所有。いずれも億を超える豪華マンション、別荘であったとか。しかも郭伯雄は精力絶倫であり、愛人を十数人も抱えていたらしい。

郭伯雄は二〇一六年七月、無期懲役判決を受けた。彼が取り調べ中にどのような証言をしたかは明らかになっていないが、芋づる式に軍幹部の汚職摘発は続いている。

共闘関係の団派にも宣戦布告した習近平

ここで気になるのは習近平と胡錦濤ら団派との関係だ。

薄熙来、周永康、徐才厚、郭伯雄らの失脚は、ある意味、胡錦濤も現役総書記、現役党中央軍事委主席時代に煮え湯をのまされた上海閥の主要メンバーであり、団派は習近平が彼らを排除する様子を傍観していた。あるいは共闘していた部分もある。薄熙来、周永康を追いつめたのは胡錦濤の功績もあった。

だが習近平は、一時期は共闘関係にあった胡錦濤派も、敵に回していく。胡錦濤が側近として大事にしてきた令計画を失脚させたのだ。

失脚理由は表向きは、令計画が周永康の事件に関わっていた、というものだが、実際のところは、団派に対する宣戦布告である。次の総書記の座を狙う若手政治家に、上海閥出身者は今のところ見当たらないが、団派には若手政治家が多く控えている。広東省党委書記の胡春華《こしゅんか》、重慶《じゅうけい》市党委書記の孫政才《そんせいさい》［一九六三〜／第一八期中国共産党中央政治局委員、重慶市党委員会書記。胡春華とともに第六世代のホープ］、湖南省党委書記の周強《しゅうきょう》［一九六〇〜／湖北《こほく》省出身。最高人民法院長。共青団の「団派」の第六世代の一人］はいずれも団派の次世代ホープといっていい。

二〇一五年後半から孫政才は若干、習近平に秋波を送っており、胡錦濤はなんとかして胡春華をポスト習近平の座に押し上げたい意図が見えていた。習近平のほうは胡春華を早めに潰し

孫政才

周強

たいようで、なにかと広東省で問題をほじくり返そうとしている。令計画の失脚は、こうした習近平の胡錦濤派に対する権力闘争開始ののろしだととらえられている。

　中国共産党中央統一戦線部長だった令計画の失脚は二〇一四年一二月二二日に発表された。薄熙来〔元重慶市党委書記〕、徐才厚〔元中央軍事委副主席〕、周永康〔元政治局常務委員、元政法委書記〕に続く、習近平の反腐敗キャンペーンターゲットの四頭目の大虎だといわれ、この四人を「新四人組」と総称した。

「四人組」とは一般に、毛沢東とともに文化大革命を主導し、毛沢東死去後に逮捕され、「クーデター計画容疑」などで裁かれた毛沢東夫人の江青はじめ張春橋《ちょうしゅんきょう》〔一九一七〜二〇〇五／文化大革命の発動に関わり上海市政府と上海市党委員会の首脳部を失脚に追い込む〕、姚文元《ようぶんげん》〔一九三一〜二〇〇五／父は作家の姚蓬子。文化大革命をイデオロギー面から支えた〕、王洪文〔一九三五〜一九九二／四人組では最年少ながら中国共産党中央副主席まで異例の昇進を遂げた〕の四人を指すが、習近平政権において「クー

江青は1981年に最高人民裁判所で死刑判決を受けるが無期懲役に。その後自殺。

デターを画策した」とささやかれていたのが、薄熙来、徐才厚、周永康、令計画の四人だというのだ。

だが、令計画は前三人とは明らかに派閥が違う胡錦濤派、団派のメンバーだ。令計画に比較的近しい筋から聞いたところでは、令計画が周永康らの一味として失脚させられるのは習近平の情報操作であるという。

三・一八フェラーリ事件の凄惨な事故現場

一般に伝えられている情報では、令計画失脚のきっかけは、中央弁公庁主任であった二〇一二年三月一八日当時に発生した〝三・一八フェラーリ事件〟。

令計画の息子が運転するフェラーリが北京市内で道路側壁に衝突して、同乗していた二人の女子大生とともに死亡、しかも同乗の女性たちが素っ裸であったというスキャンダラスな事件だった。令計画はこのとき、当時の公安権力を握っていた失脚前の周永康の力を借りて隠蔽したといわれている。

また、当時中央弁公庁主任であった権限を乱用し、中南海警備にあたる中国版シークレットサービス、中央警衛局を出動させて現場封鎖をしたともいわれている。前述した「三・一九政変」はその翌日の事件であり、この二つの事件は関連があるという噂もある。

六月にこの事件は、大破した黒のフェラーリの事故現場写真とともに、明るみになる。令はこのことで中央弁公庁の仕事を失わざるを得なかったが、胡錦濤の擁護もあって完全失脚ではなく、二〇一二年秋に党中央統一戦線部長という新しい役職に転出を果たした。

だがその後も水面下では習近平の「四大虎」狩りは続き、二〇一四年一二月二二日に令計画の失脚が発表された。

令完成の持ち出した機密情報

令計画事件にからみ注目すべきは、その弟、令家四兄弟の末っ子、令完成〔一九六〇～／令計画の末弟で実業家〕の米国亡命事件だ。令完成は国営新華社通信『瞭望』誌の編集記者などを経て、新華社傘下の広告会社・中国広告連合総公司トップにまで出世した後、「王誠」の名で実業界にも進出、得意のゴルフで国内外ビジネス界に人脈を広げ、流行りのPE（プライベートエクイティファンド）企業を立ち上げて、国内外の幅広い企業に投資し、巨額の富を築いた。だが、令家四兄弟の二男、令政策《れいせいさく》〔一九五二～／山西省出身。山西省政治協商会議の副主席を務めるも失脚、党籍を剝奪される〕失脚の噂を聞いて、国家機密を持って米国に亡命をはかった。

令計画の最大の容疑は、山西省籍の政治家、官僚を中心とした「西山会《せいざん》」（山西閥）という産官一体の派閥を二〇〇七年ごろから形成し、汚職による蓄財ネットワークを形成していたという。西山会では、官僚ポストが売買され、中央は令計画、地方は令政策が仕切っていたという。市長ポストは相場一〇〇〇万元だとか。

令完成の持ち出した国家機密は、令計画が中央弁公庁時代に集めたものだといわれ、全部で二七〇〇件以上に上るとみられている。その中には核兵器情報など中国国防に関するものから、習近平を含む党中央指導部らの不正蓄財の証拠、あるいは習近平個人の下半身スキャンダル、あるいは遠華密輪《えんかみつゆ》事件［一九九九年に福建省厦門市で発覚した新中国史上最大規模の密輸事件。事件当時、習近平は福建省の副書記で関与が疑われているが証拠はない］との関与の証拠も含まれているという話もあり、習近平の焦《あせ》りはただ事ではないといわれている。

中国サイドは令完成の身柄引き渡しを米国に要求する一方、私服の工作員を一〇〇人以上、米国に潜入させ、令完成の捕獲・暗殺を試みたが、令完成はどうやら米国の保護を受け、身を隠しているようである。

令計画は二〇一六年七月四日、収賄、国家機密の不法取得、職権乱用の罪で無期懲役判決が言い渡された。裁判は非公開、犯罪事実も明らかにされていない。果たして、令完成の持ち出した情報というのは、習近平が恐れていたほどの破壊力がなかったのか。あるいは、この後、最高のタイミングを見計らって〝情報〟が公開され、習近平政権の足元をすくうようなことがあるのか。今の段階ではわからない。

習近平に友達はいないのか

容赦ない権力闘争を全方位的に展開している習近平だが、では彼に友達、仲間はいないのか。

一般に、党中央規律検査委員会書記の王岐山は、習近平の〝盟友〟といわれている。習近平よりも五歳年上で、文化大革命時代は同じ陝西北部に下放された知り合い同士で、北京に出た習近平が下放先に戻る途中に王岐山の下放された村に一泊し、同じ布団で寝たというエピソードも中国メディアで紹介されている。艱難辛苦《かんなんしんく》の時代の友情は忘れがたいものなのか。習近平と王岐山の友情はそれほど深いのだろうか。

だが、二〇一六年春を過ぎてから、私は習近平と王岐山の関係は微妙なものになったと聞いている。名前は明かせないが、それなりの情報を持っている体制内大手メディアの幹部、そして体制内学者の二人に個別に、習近平と王岐山の友情は続いているのか、とそれとなく聞いたら、こう答えた。

「習近平は権力があれば、友達などいらないのだ」（メディア幹部）。「習近平政権スタート直後、習近平と王岐山はパートナーだった。今は皇帝と臣下だ」（学者）。他にも、「習近平は、部下はいるが、信頼に足る友達はいない」という証言がいくつか入ってきた。

中国の知識人、メディア人の多くが、程度の差こそあれ習近平から圧力を受けているので、一般に知識人や記者が、私的な会話の中で習近平を褒めそやすことは少ない。実際のところ、習近平は知識人からかなり嫌われている。それでもどんな嫌われ者にも親友がいるだろうと思われるが、それがいないと大方の人が言う。

習近平閥の人物とは誰なのか

習近平閥といわれるメンバーを見てみよう。筆頭が王岐山。一九四八年生まれ。元首相の姚依林《ようい りん》〔一九一七～一九九四／国務院副総理〕の娘を妻に迎え、太子党の仲間入りをした。元は歴史畑の人間だが、改革開放に伴い経済、金融畑への研究を進め、成果を出していく。

胡錦濤政権時代（後期）には副首相として商務、金融、市場管理、観光を担当、リーマンショック後の大規模財政出動を主導するなどの手腕を見せて、国際社会でも首相の温家宝をしのぐ存在感を見せた。海外の歴史書、文明論なども多く愛読し、視野は広い。

国際社会の知識人やメディアには彼が国際派であり開明派の政治家であると信じられていただけに、独裁志向の強い習近平の右腕として反腐敗キャンペーンの辣腕《らつわん》を振るう姿は意外に感じられていた。

次に王滬寧《おうこねい》。一九五五年生まれ。党中央政策研究室主任で習近平の党指導理論・政策ブレーンを務める。いわゆる上海閥だが、江沢民政権時代、胡錦濤政権時代を通じても党指導理論ブレーンで「三つの代表論」（江沢民政権）、「科学的発展観」（胡錦濤政権）といった指導理論の起草者。そして習近平の「中国の夢」も彼の立案だ。政治局委員二五人中、唯一の米国通であり、対米政策にも影響力を発揮。習近平政権初期にとられた外交方針、日米離反戦略にも関わっているとみられている。思想的には新保守主義に近く、西洋式民主主義に反対し、専制政治と国家主義による体制安定を主張する。

王滬寧

三番目に劉鶴《りゅうかく》。一九五二年生まれの経済ブレーン。中央財経指導グループ弁公室副主任。ハーバード大学で公共管理修士を取得。習近平とは北京一〇一中学校ですでに知り合っていた幼なじみ。二〇一二年一二月の習近平の広東省視察（新南巡《なんじゅん》）にも同行している。二〇一三年五月、トーマス・ドニロン米大統領次席補佐官が北京を訪れ習近平と会談したときに同席し、習近平から「彼（劉鶴）は私にとって非常に重要だ」と紹介されるなど、習近平の絶大な信頼を得ている。一帯一路《いったいいちろ》構想［中国からヨーロッパやアフリカまでを陸海路で結び、かつてのシルクロード沿いに中国を中心とした新しい経済圏を生み出そうとする構想］、ＡＩＩＢ構想［アジア向けのアジアインフラ投資銀行（ＡＩＩＢ）を設立し、「一帯一路」構想実現に向けてインフラ整備の金融支援の役割を担う］などは劉鶴と王滬寧によるところが大きい。

二〇一二年に世界銀行が国務院発展研究センターと共同で出した「中国二〇三〇」リポートは当時世銀総裁のロバート・ゼーリックと発展研究センター党委書記の劉鶴がまとめた。二〇一三年秋の三中全会（中央委員会第三回全体会議）コミュニケの起草にも携わっている。その内容からもわかるように、思想的には米国留学経験もある開明派で、プラグマティスト。基本の経済政策路線は李克強とも通じるはずだが、きわめて内政的（権力闘争的）な理由で、李克強と対立する状況となっている。江沢民時代、胡錦濤時代の経済講話の起草も主に担当してきた。劉鶴を知る人に聞けば、習近平の指示には反対できないイエスマンだという説も。

四番目に何毅亭《かきてい》。一九五二年生まれ。二〇一三年から中央党校副校長を務める。陝西省出身で陝西閥に組み入れられた。「習近平同志重要講話集」など習近平講話の起草、編集を担当

劉鶴

する筆頭スピーチライター。将来的には王滬寧のポジションにとって代わるといわれている。

五番目に陳希《ちんき》。一九五三年生まれで、習近平の大学時代の友人でもある。大学宿舎の同室で二段ベッドの上下の関係でもあったとか。二〇一三年四月に党人事権を握る中央組織部副部長に就き、習近平人事の実施役となる。

六番目に丁薛祥《ていせつしょう》。一九六二年生まれ。習近平が上海市党委書記時代に秘書として仕え、二〇一三年五月以降、中央弁公庁副主任で、習近平弁公室主任。つまり筆頭秘書である。能力は高く自己主張が少なく、習近平に対しては絶対の忠誠を示しており、習近平がもっとも気安く頼りにしている人物といえる。

七番目は黄坤明《こうけんみん》。一九五六年生まれ。習近平が浙江《せっこう》省党委書記時代、嘉興《かこう》市の書記を務めるなど部下であった。浙江省党委宣伝部長を務めた経験から、習近平が二〇一三年一〇月に党中央宣伝部副部長に抜擢した。中央宣伝部は習近平と政治的に対立する劉雲山《りゅううんざん》の影響力が強く、また胡錦濤と近い劉奇葆が宣伝

何毅亭

陳希

丁薛祥

部長を務める。そこに黄坤明を押し込み、習近平の思想宣伝工作の任を負わせている。現在、中国メディアに対する過剰な圧力は、この中央宣伝部における黄坤明の習近平代理権力闘争の影響があるという説もある。

八番目は趙楽際《ちょうらくさい》。一九五七年生まれ。共青団出身であり胡錦濤の押しで青海《せいかい》省党委書記も務めたため団派に属するとの見方もあったが、習近平により党中央組織部長に抜擢されて以降は陝西閥メンバーとみなされている。副部長の陳希とともに習近平人事の実施役である。

そして最後に栗戦書《りつせんしょ》。一九五〇年生まれ。一九八〇年代前半、習近平が河北省正定県副書記から官僚人生をスタートしたころ、同じ河北省無極県の書記を務めていた。共青団河北省委書記も務めていたことから胡錦濤からの信頼も厚く、習近平と胡錦濤の当初の権力闘争における連携ではパイプ役を務めたといわれている。貴州《きしゅう》省党委書記から党中央弁公庁副主任に転出したのは二〇一二年七月で、習近平に頼まれた胡錦濤が呼び寄せた。

黄坤明

趙楽際

栗戦書

同年秋に主任に昇格。第一八回党大会で中央政治局委員、中央書記処書記に選出され、習近平政権の大番頭と呼ばれるようになる。習近平の個人崇拝キャンペーンの一環である習近平核心化［習近平を党の核心として擁立する］キャンペーンを立案、根回ししたのは栗戦書といわれている。

他にも軍部や地方にいる陝西閥、習近平閥を数えるとざっと四〇人前後いる。ただ、王岐山ら一部を除いては、ほとんどが習近平の部下であり、対等に習近平にアドバイスできるような身内的な存在、あるいは参謀はいない。たとえば江沢民にとって曾慶紅は部下であり大番頭であると同時に、時に江沢民よりも先読みができる参謀であり、江沢民の弱みも握っている。江沢民は曾慶紅の言うことに比較的素直に従うところもあった。

また胡錦濤にとって首相の温家宝《おんかほう》［一九四二～／第六代国務院総理。第四世代では最高指導者の胡錦濤体制を支える］は、イデオロギー的にも政策路線的にも共通点が多く、ほとんど対等なパートナー関係だった。だが、習近平には、右腕として完全に頼りきるような参謀や、志を同じくして信頼しているパートナーは目下いない。劉少奇《りゅうしょうき》［一八九八～一九六九／中華人民共和国第二代国家主席。文化大革命で失脚し、非業の死を遂げる］の息子の劉源《りゅうげん》［一九五一～／元解放軍総後勤部政治委員。太

劉源

子党」や胡耀邦の息子の胡徳平《ことくへい》〔一九四二〜／二〇一四年に日本へ極秘来日〕とは親友関係だという人もいるが、習近平は劉源や胡徳平の意見に耳を貸すことはなく、二人とも二〇一六年の段階では習近平から距離をとっているように見える。某体制内学者が言うように、習近平と王岐山の関係は当初、パートナーであり対等に近かったかもしれないが、今は「皇帝と臣下」に代わり、王岐山はその関係に不満を持っているようである。

習近平には、子分はいても、どうやら友達がいない。そういう状況が比較的はっきりした事件が〝任志強事件〟だ。

中国のドナルド・トランプといわれた任志強

任志強《にんしきょう》という人物は中国において、異色の人物である。

一九五一年山東《さんとう》省生まれ。父親は元商業部副部長まで務めた高級官僚・任泉生《にんせんせい》で太子党に属する。文革中は陝西省延安県に下放され、後に軍に入隊。八一年に退役すると、実業家としての頭角を現した。一度汚職で拘束《こうそく》されたが、無罪として釈放された経験もある。最終的には不動産大手華遠集団の総裁まで務

胡徳平

任志強

めあげ、二〇一四年に企業家から足を洗った。

中国不動産協会副会長などの役職を務める不動産業界のドンであり、北京市政治協商委員〔市議に相当〕、北京市西城区人民代表（区議に相当）。二〇一三年『野心優雅』と題する回顧録を出版。その回顧録で、中央規律検査委員会トップの王岐山と幼なじみで、任志強が中学二年生のころ、王岐山が家庭教師をして以来の親友関係が続いていることを明らかにしている。王岐山は夜中に任志強に電話をかけてきて、長話をする、そういう親密な関係という。

王岐山は習近平政権の反腐敗キャンペーンを指揮する〝中国汚職改め筆頭〟の〝鬼平〟であり、官僚・企業家たちから蛇蠍《だかつ》のごとく嫌われ恐れられている人物であるが、その王岐山が親友であるがため、任志強には怖いものがない。そのため、かなり言いたいことを率直に言い、〝中国のドナルド・トランプ〟のあだ名が付いている。

二〇一六年二月一九日。習近平が党総書記としてCCTV、人民日報、新華社を視察に訪れ「メディアの姓は党〔メディアは党に忠誠を誓わねばならないとする標語〕」キャンペーンを打ち出したとき、CCTVが習近平に忠誠を誓っていることをアピールするために、テレビ画面に大きく「CCTVの姓は党、絶対忠誠を誓います。どうぞ検閲してください」と卑屈な標語を掲げたことに対して、任志強は約三八〇〇万人のフォロワーがいるSNS微博《ウェイボー》上で「人民の政府はいつ党の政府になった？」と批判した。この発言の本質は、個人崇拝キャンペーンをメディアを通じて仕掛けている習近平自身に対する批判である。

習政権を批判した任志強はつるし上げに……

二月二二日、中国の大手メディアは習近平に忠誠を誓うことを示すため、「任志強は西側憲政民主の拡声器だ」「任志強は民衆の代弁者のふりをして、民衆の反党反政府の憤怒《ふんぬ》の情緒を煽動している」などとバッシングを開始した。これは、あたかも、文革のつるし上げの様相であった。

二八日には、大手ポータルサイト新浪《シンラン》と騰訊《テンセント》の任志強のアカウントも国家インターネット情報弁公室の命令で閉鎖させられた。

だが中国メディアおよび中央宣伝部がかくも威勢よく任志強バッシングを展開した本当の狙いは、べつに習近平への忠誠心からではなく、任志強の発言が反党・反政府的であったからでもない。「千龍ネット」〔北京市党委宣伝部主管のニュースサイト〕が掲げた「誰が任志強を〝反党〟的にさせたか」という一文では「任志強が夜中に頻繁に電話する指導者」〔王岐山を指す〕を挙げており、要するに任志強が恐れることなく習近平政権批判めいたことを言える黒幕は王岐山だ、ということをほのめかせている。

権力闘争や権謀術数の激しい中国では往々にして、このようなけんかのやり方をする。つまり、中国メディアと中央宣伝部が任志強バッシングで本当に矛先を向けているのは王岐山だった。あるいは、習近平に忠誠を誓うふりをしながら、習近平と王岐山の仲を裂こうとする中央宣伝部の画策かもしれない。

中央宣伝部は中国メディアを統括する党中央機関。新華社、CCTV、人民日報は中央宣伝部直属のメディアである。中央宣伝部を指導する党中央政治局常務委員は共青団出身だが、江沢民に抜擢された江沢民派の上海閥に属し、習近平とは目下微妙な対立関係にある劉雲山だ。中央宣伝部部長は共青団出身で胡錦濤派に属し、やはり習近平とは微妙な対立関係にある劉奇葆《りゅうきほう》。劉雲山も劉奇葆も汚職の噂が絶えず、いつ王岐山率いる中央規律検査委の取り調べ対象となっても不思議はない。

彼らが任志強バッシングの体を借りて王岐山攻撃を始めた、あるいは習近平と王岐山の間に亀裂を入れようとしている、というのが中国政治ウォッチャーの見立てであった。

この任志強バッシングを受けて北京市西城区党委員会は任志強に対して党籍剝奪処分などを行おうとしたのだが、王岐山は二月二八日、汚職Gメンこと中央規律検査委員会巡視隊を中央宣伝部に派遣し突然の〝ガサ入れ〟を行って、中央宣伝部およびメディアを黙らせる。そして三月一日付の中央規律検査委機関紙「中央規律検査監察報」上に「千人が唯々諾々と語るより一人の士の諤々《がくがく》とした発言のほうが勝る（千人之諾々、不如一士之諤々）」と題した社説を発表させるのである。

王岐山が任志強を擁護し、習近平を批判

タイトルにある〝一士〟が任志強を指していることは間違いなく、中央規律検査委、つまり、王岐山は習近平礼賛メディアを批判する任志強を表立って擁護したことになる。
三月三日には人民日報が「ある指導者はメンツを失うのを恐れ、群衆の批判の言葉を聞こうとしない」という題の論説を掲載。この〝ある指導者〟は明らかに習近平を指し、中央規律検査委巡視隊の進駐を受けて、中央宣伝部が王岐山批判から習近平批判に転じた、という見方ができる。つまり王岐山の圧力で、中央宣伝部が習近平批判に転じたということだ。

この一連の事件は、中国のネット上で〝十日文革〟と呼ばれた。習近平が中央メディアに乗り込んで個人崇拝キャンペーンの一環である「メディアの姓は党」キャンペーンが始まった二月一九日から、王岐山の指示で中央規律検査委員会の汚職Gメンが党中央宣伝部に進駐し、任心強バッシングを終わらせるまでの間がおよそ十日だったからだ。

メディアを使って習近平個人崇拝を展開し、習近平は一気に毛沢東的な絶対権威の地位を

築く腹づもりだった。毛沢東の文革は十年続いたが、習近平の〝文革〟は、任志強（あるいはそのバックの王岐山）に阻《はば》まれ、十日で終わった。だから一部知識人や体制外メディアは任志強事件は「習近平の十日文革」と揶揄したわけだ。

習近平と王岐山の亀裂は決定的に

習近平は実はメディアが自分を礼賛しすぎるのを苦々しく思っており、メディアが任志強バッシングを始めたとき、自らやめるように指示した、という情報も体制外華字メディアで報じられているが、むしろ任志強・王岐山バッシングのとき、習近平はメディアを止めようとしなかったので、王岐山と習近平の亀裂はもはや決定的となった、と分析する声もある。私がメディア周辺筋に探りを入れたところでは、後者の情報のほうが正しいように思う。

実際のところ、政権のメディア・言論統制のひどさ、習近平政権の経済政策や外交政策の危うさに対する不満は、体制内知識人たちや官僚の間に高まっており、歴史学者でコラムニストの章立凡《しょうりつぼん》［一九五〇～／ジャーナリストの父親、章乃器は文化大革命で迫害を受ける］や中央党校教授の蔡霞《さいか》［国家のマルクス主義理論などをテーマとする］、独立派の経済学者・茅予軾《ぼうよしょく》［一九二九～／北京天則経済研究所元理事長］、上海財経大学教授の蔣洪らは任志強を表立って擁護することで習近平政権の政策の過ちへの批判姿勢を示している。

任志強バッシング事件は、中央宣伝部が習近平と王岐山の間に亀裂を入れようという狙いで仕掛けた可能性も否定できないのだが、結果的に〝十日文革〟が、習近平と王岐山の権力闘争の形となったのは否めない。

任志強も無傷では済まなかった。二〇一六年五月になって任志強は一年の保護観察処分となった。事実上の一年間の政治権利の剝奪であり、これ以上公の場での発言を許さないという強い圧力であった。当初噂された党籍剝奪処分でなかったので、この処分は軽い、という意見もあるようだが、党員への処分五段階の中で二番目に重い処分である。

王岐山にしてみれば、自分が任志強を守り切れなかったということであり、習近平に対して思うところが相当あるようでもある。

なぜ習近平は太子党からも敬遠されるのか

習近平との関係が微妙に変化したのは王岐山だけではない。文化大革命で毛沢東に失脚させられ迫害死させられた悲劇の政治家・劉少奇の息子で、いわゆる太子党の政治サラブレッド同士、習近平とは幼なじみの親友であった劉源も習近平から離れた、と聞いている。

劉源は、徐才厚失脚のきっかけとなった元総後勤部副部長の谷俊山〔当時中将〕の腐敗を総後勤部政治委員の立場で告発した人物でもある。王岐山と並んで習近平を支える盟友、習近平の軍師とされていた。

二〇一五年一二月六日に劉源が軍事委規律検査委書記に就任する、という報道が一部で流れたが、彼自身が一二月一六日の総後勤部会議で、完全引退を発表したのだ。この事実は、羅青長《らせいちょう》〔一九一八～二〇一四／周恩来内閣の中央調査部長〕の息子、軍内太子党の羅援《らえん》〔一九五〇～／中国人民解放軍元少将。軍事評論家で習近平とは幼なじみ〕が個人ブログの中で最初に伝えた。第二章で詳述するが、これは習近平の軍制改革の要となる人事の一つだと思われていた。それが突然、潰れたわけだ。

当初は習近平が劉源の野心を警戒して排除した、という情報も流れた。だが、私が地元消息筋から聞いた話は、意外にも劉源のほうから習近平と距離を置きたがったからだという。太子党において絶対的影響力を持つ太子党のラスボスともささやかれている曾慶紅が、習近平からのオファーを辞退するように説得した、と聞いた。曾慶紅は劉源に、王岐山が何度も暗殺未遂に遭っている話を聞かせ、軍内で王岐山のような立場で反腐敗キャンペーンの指揮を執ることがどれほど危険かをとくとくと説明した、という。

武器を帯同している軍将校の汚職摘発はまさに命がけだ。「君は習近平のために、そこまで身を危険にさらすのか。習近平のために泥をかぶっても、彼は君を守らないだろう」などと、半分脅しめいたことも言ったという。

太子党開明派の筆頭・胡徳平との友情も決裂

もう一人、習近平との関係が悪化した太子党のメンバーがいる。胡耀邦の二男の胡徳平である。その失脚と死が天安門事件の遠因ともなった開明派政治家・胡耀邦の息子の胡徳平も太子党開明派の筆頭として知られる。

習近平の父、習仲勲と胡耀邦はともに開明派政治家であり価値観が似通っており両家は家族ぐるみの付き合いをしていた。習近平と胡徳平も当然、幼なじみの友人関係だ。『中国はなぜ改革せねばならないか』などの著書でも知られる胡徳平は憲政主義を訴える生粋の改革派。中国的にいえば右派知識人の筆頭、リベラル全開の知識人である。

胡徳平は二〇一四年四月一七日、隠密に訪日し、首相の安倍晋三ら日本政府要人と会って非公式に会談をしたりもしている。親日的政治家として知られた胡耀邦の息子であり、かつ習近平の親友ということで、悪化の一途をたどる日中関係の修復に〝準特使〟の役割を負ったわけだ。しかしながら、「改革をすれば後戻りできなくなる」と主張し改革を否定する習近平が胡徳平の意見に耳を貸すかというと、そういうわけではなかったようだ。そう感じられる事件が二〇一四年秋の炎黄春秋騒動だ。

炎黄春秋事件とは

『炎黄春秋』とは、天安門事件の二年後の一九九一年に創刊された中国改革派を代表する知識人向け雑誌。天安門事件で失脚した総書記の趙紫陽の側近たちが創刊に関与した。当初の主管は解放軍長老・蕭克《しょうこく》〔一九〇七〜二〇〇八／湖南省出身。中国人民解放軍の元上将。文化人としても知られる〕が主導した中華炎黄文化研究会〔一九九一年、多くの官僚OB、軍人OB、専門学者らによって学術研究と中華文化の発揚を主として発足した学術団体〕で、研究会の機関誌という体裁だった。

軍長老が後ろ盾となったこの雑誌は、共産党中央宣伝部が人事や編集に直接介入できず、編集権の独立がかなり守られていた。社長の杜導正《とどうせい》〔一九二三〜／新華社河北支社社長などを歴任〕は趙紫陽の部下であり、新聞出版署長（閣僚）経験もある。現在の政治局常務委員・劉雲山（思想宣伝担当）の上司に当たり、メディアコントロールの元締めである党中央宣伝部の圧力を跳ね飛ばしつづけ、発行部数は二〇万部にも上った。

蕭克

雑誌の内容は近代史の隠された史実や秘話を回顧録や史料などで掘り起こした記事が中心で、中国共産党の歴史的錯誤《さくご》、たとえば飢饉《ききん》や文革などに対する検証を行い、未来のよりよい党政（党と政府）にフィードバックさせることが目的だ。二〇〇一年、習近平の父親である習仲勲はこの雑誌について「炎黄春秋、弁得不錯（炎黄春秋は素晴らしい）」と題詞を贈って絶賛している。

だが、習近平はこのコントロールの利かない自由な雑誌に対して快く思っていなかったようである。政治改革反対の習近平に対し、政治改革を訴えるこの雑誌は都合が悪かった。蕭克が二〇〇八年に死亡した後、この雑誌の後ろ盾となっていた力のある党長老が高齢で次々と鬼籍に入る中、習近平は二〇一四年秋、この雑誌を文化部傘下の中国芸術研究院主管に組み入れるとともに、一九二三年生まれの社長の杜導正に引退を迫った。そうすれば、文化部を通して編集権に介入できるからだ。

これに対し、杜導正は雑誌の持つ改革への気骨が失われるようであれば廃刊のほうがましだと抵抗。二〇一四年一

中国改革派を代表するリベラル誌『炎黄春秋』の前副編集長・王彦君は政府の弾圧に抗議した。

〇月、同誌の改革への志をしっかり守れる後継の社長の座を、開明派政治家・胡耀邦の息子であり、習近平にも率直な意見が言えると期待した胡徳平に託そうとした。

だが、習近平がこれを許さず、胡徳平に社長の任を受けないように圧力をかけたといわれている。胡徳平は結局、社長にならなかった。後に『炎黄春秋』に関わる党老幹部らが連名で上申書を出したときの習近平の返事は「封殺はしないが、誘導はする」というもので、『炎黄春秋』を存続させはするが、その内容についてはコントロールする方針であることを伝えたという。

この騒動のおよそ一年半後の二〇一六年七月一二日、習近平政権は『炎黄春秋』の杜導正が病気で入院しているすきに社長職を電撃解任し、芸術研究院から派遣された人間がいきなり編集部を占拠、雑誌社の資産を差し押さえ、ウェブサイト記事の編集に必要なパスワードを勝手に変えるなどして従来の編集部を完全に乗っ取り、『炎黄春秋』の編集権を奪った。社長職を追われた杜導正は七月一七日、悔しさをにじませて停刊声明を発表。今後、炎黄春秋という名で発行される雑誌は、もはや旧来の『炎黄春秋』とは関係ないとした。

この騒動から、国内外の中国ウォッチャーたちは、習近平と胡徳平との友情決裂が決定的になったと見ている。

太子党内でも孤立する習近平

習近平政権ができたばかりのとき、中国の太子党名門四家は習近平新政を後押しするために協力的であるという説がもっぱら信じられていた。

葉剣英の息子の葉選寧《ようせんねい》［一九三八〜二〇一六／葉剣英の次男。太子党。第九期中国人民政治協商会議常務委員を歴任］を中心とする葉家、胡耀邦の息子の胡徳平、胡徳華［一九四九〜／胡耀邦の三男。彼は『炎黄春秋』の副社長を務めていた］兄弟を中心とする胡家、趙紫陽の娘・王雁南《おうがんなん》［趙紫陽の娘。現在はオークション会社の会長を務める］を中心とする趙家は親の代から深い友好関係があった。これに劉少奇の息子・劉源を中心とする劉家。だが、劉家、胡家はすでに習近平から距離をとっている。葉選寧は二〇一六年七月一〇日に死去。習近平が親子二代にわたって交流してきた太子党の友人四人のうち三人を失っている。残るは趙家だが、今のところ関係が悪くなったとまではいわないが、特別よいという話も流れて

王雁南

葉選寧

いない。

太子党には鄧小平一族の鄧家のほか、革命家の曾三と女革命家の鄧六金の息子である曾慶紅を中心とする曾家など有力な一族がいる。だが、鄧家も曾家も習近平と距離をとっているようにみえる。

なにせ鄧家、曾家の蓄財額、資産は太子党の中でも屈指であり、習近平の反腐敗キャンペーンにはかなり警戒しなければならない立場だ。とくに曾慶紅は、習近平が失脚させた周永康と石油閥利権やその他の深い絆で結ばれていたため、一時期は習近平の〝大虎退治〟のターゲットに浮上した。だが革命家の子供たちのための保育院を開き〝太子党の母〟とも呼ばれる鄧六金の息子の曾慶紅の太子党内における権力は非常に強く、習近平は曾慶紅を追い詰めるまでは行かなかった。

そういう経緯があって、太子党内部にも習近平にはほとんど友達がいない。

習近平の共産党秩序も長幼の序も無視した権力闘争の結果、これまで彼を支持していた人たちは離れていき、あるいは敵に回り、親子二代にわたって温めてきた信頼関係も失い、習近平を恐れて服従する者や習近平の出世にあやかって自分の野心を成就させようという子分や取り巻きはいても、ともに高い目標に向かって協力しあうパートナーも、背中を預けあうような同盟も、耳の痛いアドバイスをあえてしてくれる親友もいないわけである。

孤立した習近平は、クーデターと暗殺を恐れるあまり、組織の末端に至るまで、自分への忠誠を誓わせ、身辺調査を行い、少しでも懸念があると権力闘争を仕掛けて失脚させようとしている。この習近平の行き過ぎた権力闘争とその結果の疑心暗鬼、恐れ、孤独が実はチャイナリスクの根底にあるのではないか。

プチ文革時代が始まる

こうした激しい権力闘争について、団派に近いあるメディア記者はこうささやく。「今の権力闘争状況はいわば〝亜文革〟（プチ文革）です」。習近平にとって存在が不都合である、気に入らないというだけで、政治家、官僚、知識人たちが汚職の罪に問われる。大物政治家、官僚を失脚させれば、その関連で一〇〇人、一〇〇〇人単位の家族・親族、部下や友人らが芋づる式に粛清される。その怨嗟《えんさ》の深さは、おそらく日本人には想像もつかない。

鄧小平の築いた共産党秩序も暗黙のルールも完全に無視して、かつての恩人や共闘者、周辺の人間を容赦なく失脚させ、恨《うら》みを山ほど買っている習近平は、いつ暗殺されても、クーデターに遭ってもおかしくないのだ。

今度、習近平が見舞われる暗殺は未遂に終わらないかもしれない。軍部の手による派手な、誰の目から見てもわかるはっきりした暗殺やクーデターではなく、交通事故や病気などによる引退が発表される可能性があるかもしれない。

「もし、習近平が政変や暗殺、あるいは病死や事故で急にその権力の座からいなくなったら、習近平に失脚させられた政治家が名誉回復して、権力の座に返り咲くかもしれません。文革のときがそうでしたから。皆それを期待して、一審判決を受け入れておとなしく刑務所で待っているんです」と、団派寄りの虐げられた記者たちは期待を込めて言う。

しかしながら、本当に習近平が暗殺されたり、クーデターで政権が転覆《てんぷく》したとしたら、誰にその混乱を引き受けて新たな政権を引き継ぐ手腕があるのだろうか。王岐山か。軍部か。李克強か。あるいは団派の若手政治家たちか。それこそ、共産党執政の正当性は揺らぎ、ウイグルやチベット、香港や台湾まで巻き込む大動乱の時代の幕開けになるかもしれない。そう思うと、そのリスクのとばっちりを受ける可能性の高い日本の国に暮らす者としては、習近平殿よ、どうぞ御身をよく守りたまえ、と心から願うのである。

第二章

戦争は勃発するのか

南シナ海有事に備えよ

二〇一六年八月上旬、日本の尖閣諸島《せんかくしょとう》の周辺海域に最高四〇〇隻以上の中国漁船と一五隻に及ぶ中国海警局船が押し寄せて、繰り返し接続水域に入ったり、領海侵犯した。あれはいったい何なのか、と問われれば、中国にとっては「釣魚島《ちょうぎょとう》奪還計画」のシナリオに沿った一種の演習である。四〇〇隻の漁船の乗員が純粋な漁民ではなく、いわゆる海上民兵と呼ばれる軍の指揮下にある戦闘員が混じっていることも、専門家の間では周知の事実である。

「軍人や民兵が漁民に扮して釣魚島一二カイリ内に入り、機を見て軍事行動を起こす戦略が、日本政府のもっとも恐れていることで、逆にいえば効果的な方法である」ということを堂々とメディアで述べている中国人学者もいる。だが、こういうことを正確に伝えようとすると、日本では「中国脅威論をあおっている」「戦争煽動者」と批判される。

今の中国の情勢を見て、彼らに戦争の意志がないと、どうして言いきれるのか。

南シナ海を見れば、南沙のスカボロー礁が年内に中国の軍事拠点として完成し、大型レーダーでも設置されかねない状況だ。やがて南シナ海ＡＤＩＺ（防空識別圏）が制定されるだろう。中国は二〇一九年に浮動式原発を配置するとしている。民間機はその安全を確保する

中国が引いた「第一列島線」と「第二列島線」

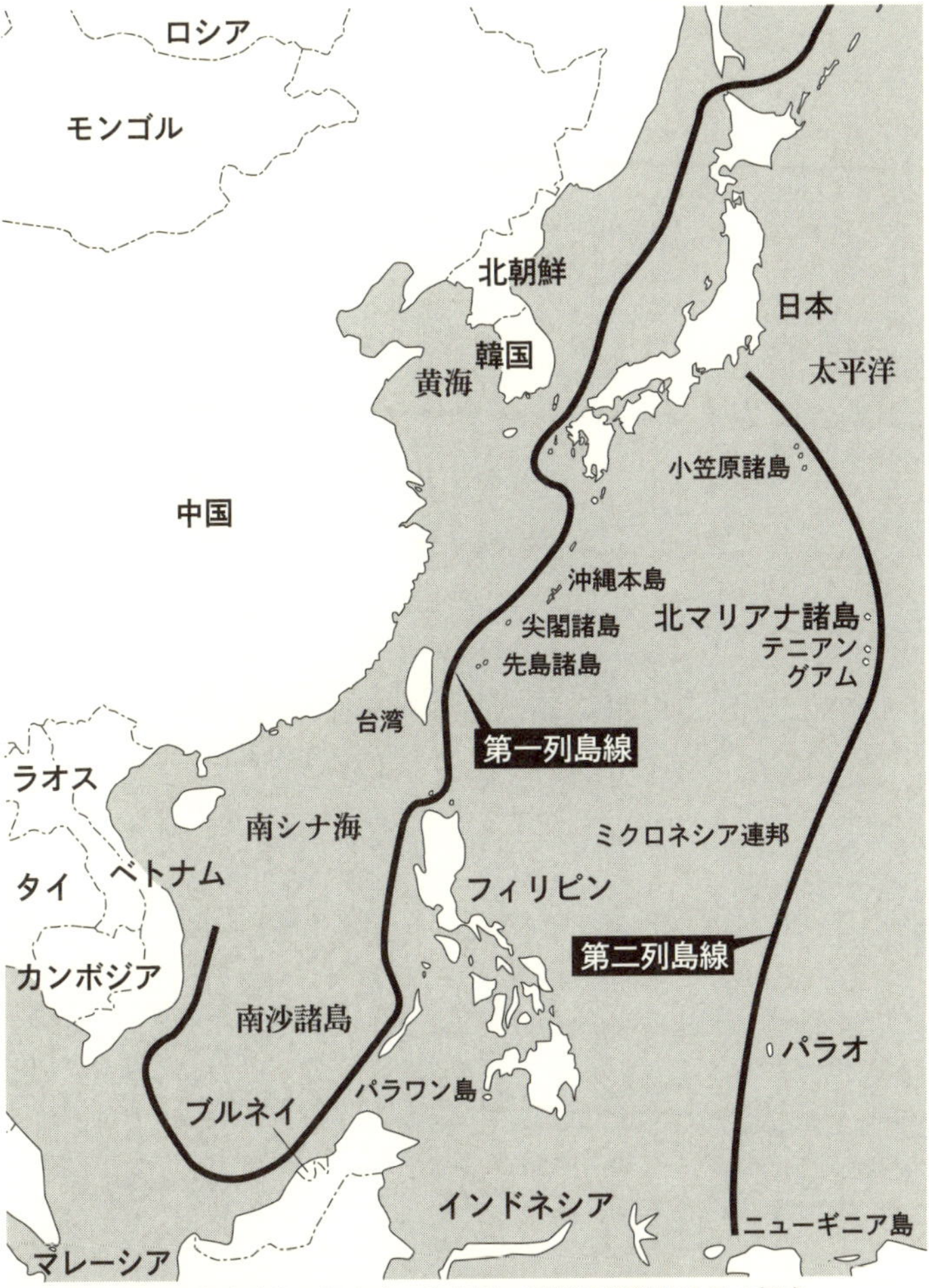

1982年、鄧小平主席時代に打ち出した中国の近海防衛戦略を示す概念。近年は太平洋覇権国家となるための海軍力増強計画の理論になっている。第一列島線は、カムチャツカ半島から千島列島、日本列島、台湾、フィリピン、大スンダ列島につながる線。第二列島線は、伊豆諸島を起点に小笠原諸島、グアム、サイパン、パプアニューギニアに至る線のこと。

ためにその上空の飛行を避けるようになり、事実上、中国の制空権ができるかもしれない。原発の配置はサンゴ礁の海の環境を人質にとった中国の防衛策でもある。そこまで来れば、南シナ海から米軍の影響力を締め出すまであと一歩。南シナ海は文字どおり中国（シナ）の海となる。これを食い止めることができるか、否か。

もし食い止めることができなければ、米国のプレゼンスはいわゆる第二列島線（P.101参照）まで押し下げられ、日米安保を基礎にした日本の安全保障も揺らいでくる。本格的な米中新冷戦構造の幕開けとなろう。食い止めようとすれば、米中間にきわめて深刻な、紛争勃発につながりかねない軍事的緊張が発生する。

南シナ海は日本のシーレーン［一国の通商上・戦略上、重要な価値を有し、有事に際して確保すべき海上交通路］であり、中国にとっては東シナ海とつながる太平洋への出口だ。尖閣諸島をめぐり、日本は東シナ海の尖閣諸島領有の当事者として、中国と軍事的対立を余儀なくされることだろう。そのとき、台湾の存在はどう影響するか。北朝鮮はどう動くか。

一つ一つの事象を見て、その先を予測すれば、習近平政権時代に局地的な戦争が起きる可能性はかなり高いということが理解できると思う。新疆《しんきょう》、チベット、香港も火薬庫である。一九六二年のキューバ危機のころに少し似ているかもしれない。フルシチョフと習近平は似ている、という意見もある。

あの当時、明日、核戦争が起きるかもしれない危機を予感できていた日本人が、どの程度いただろうか。キューバ危機における日本の役割はほとんど何もなかったが、今度の危機において日本は当事者の一人だ。

危機を認識してこそ、危機を避けようと努力することができ、危機を乗り越えることができる。中国の軍事行動リスク、戦争勃発リスクについて正確に分析し、あらゆる可能性を想定してみることが、戦争回避への近道である。まずは習近平の危険な海洋覇権戦略の現実を見てみよう。

一触即発！ 東シナ海上空でドッグファイト？

二〇一六年六月一七日に、東シナ海上空では、自衛隊機と中国戦闘機が異常接近した。〝ドッグファイト〟（相手機の後方の撃墜ポジションをとる空中戦）に近い状態という。これは公式の発表ではない。

戦闘機乗りであった織田邦男《おだくにお》〔一九五二〜／一九七四年に防衛大学卒業後、航空自衛隊入隊。二〇〇五年、空将に承認〕・元空将がウェブニュースサイトＪＢプレスの寄稿記事で二八日に明らかにしたことが最初の報道で、産経新聞、毎日新聞が自衛隊幹部や政府関係者の話を聞いたうえで、二九日に後追いで報じた。

　織田記事では、「（中国軍機から）攻撃動作を仕掛けられた空自戦闘機は、いったんは防御機動でこれを回避したが、このままではドッグファイト（格闘戦）に巻き込まれ、不測の状態が生じかねないと判断し、自己防御装置を使用しながら中国軍機によるミサイル攻撃を回避しつつ戦域から離脱したという」とある。素直に読めば、中国軍機がミサイル攻撃体制をとったので、フレア〔赤外線センサーを欺瞞《ぎまん》するデコイ装置〕を発射してこれを回避し離脱した、と受け取れる。

　これを受けて、萩生田光一《はぎうだこういち》〔一九六三～／自由民主党議員〕副官房長官が二九日の記者会見で「近距離でのやり取りは当然あったのだと思う」としながらも「攻撃動作をかけられたという事実はない」と言明した。

日本と中国の防空識別圏

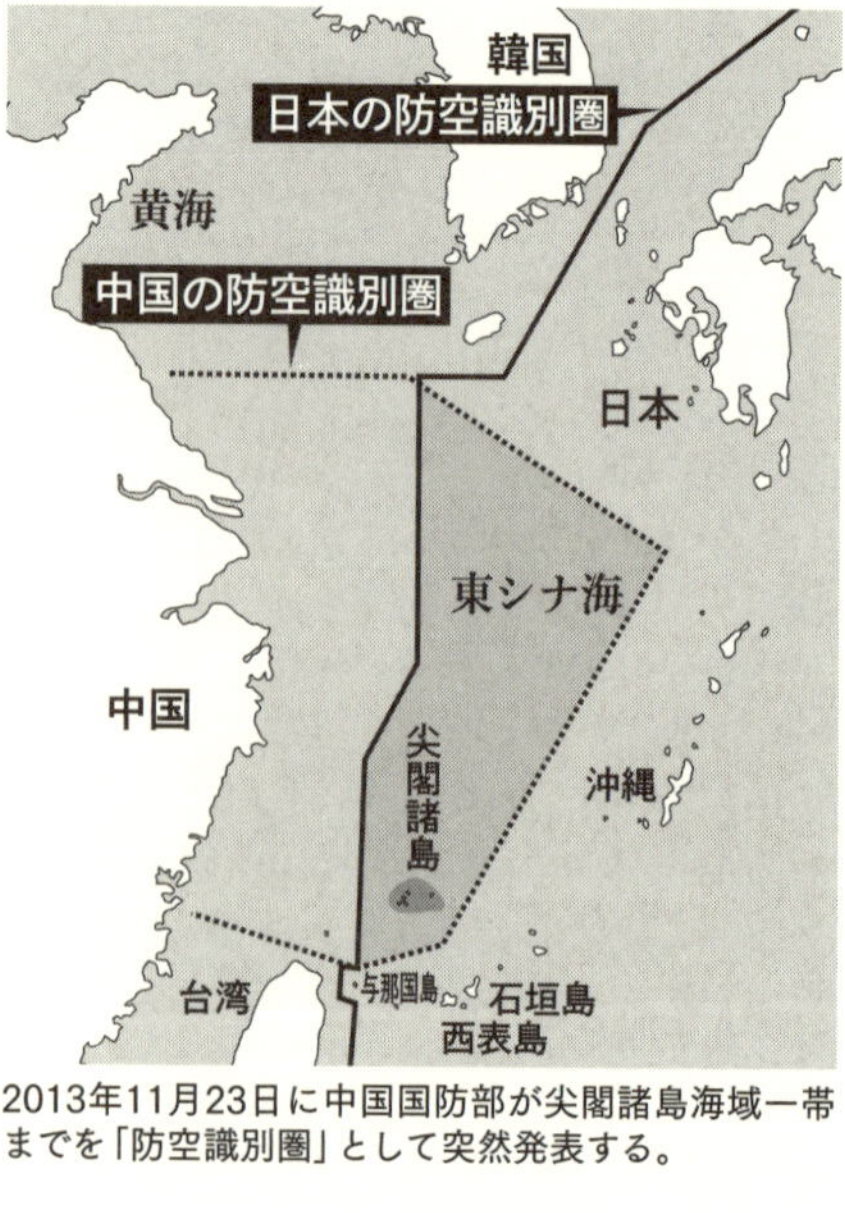

2013年11月23日に中国国防部が尖閣諸島海域一帯までを「防空識別圏」として突然発表する。

さらに三〇日、自衛隊制服組トップの河野克俊《かわのかつとし》［一九五四〜］統合幕僚長は会見で「中国軍機が尖閣諸島方面に南下したが、特異な行動だとは判断していない。攻撃動作をとったという事実はない」と語った。

一方、中国側は、当初は日本側の発表と口裏を合わせたように、事実無根説を唱えていたのだが、中国国防部は七月四日になって記者会見でこのように発表した。

「……六月一七日、中国軍のスホイ30戦闘機二機は東シナ海防空識別圏内で定例の巡航を行っていた。すると日本のF15戦闘機二機が高速で接近し挑発、ついに火器管制レーダー［航空機などが目標の位置や速度を正確に摑むために使用］を照射した。われらが軍機は果断に応対し、戦術機動などの措置をとり、日本機はフレアを発射して離脱した。日本機の挑発的行動は、空中において不測の事態を引き起こしかねない。双方の人員の安全を脅かし、地域の平和と安定を破壊しかねない。中国軍隊の領土主権と国家安全を守るという決心は強く変わらぬものである。中国サイドは日本サイドに一切の挑発行為を停止するよう求める。同時にできるだけ中国側と連絡を取り合い、問題を排除するための話し合いを行い、中日の防衛任務部門の海空連絡メカニズムを発動、運営する条件を詰めていきたい」

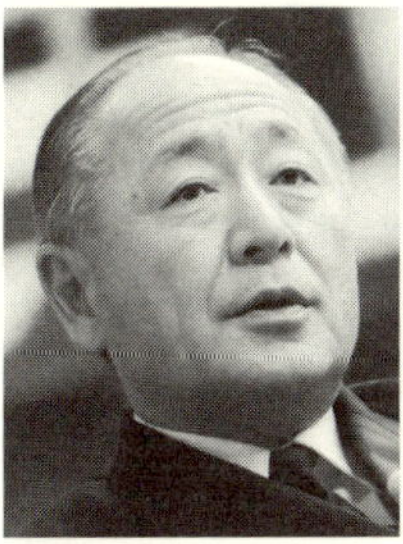
河野克俊

「いよいよ倭寇がやって来るぞ！」

果たして東シナ海上空で何が起きたのか？　日中、どちらの言い分が正しかったのか。日本の政府発表を素直に信じる人たちのなかには、萩生田会見、河野会見を聞いて、「なーんだ、織田記事はガセだったのか」と、ほっとしたかもしれない。織田はデマを流してけしからん、といったコメントをツイッターなどで流している人もいた。一部中国人たちは中国国防部の発表のネット記事に対して、「鬼子（日本）のほうから攻撃して、反撃されたから逃げやがったのか。面目を失ったのはどっちだ？　どんどん来やがれ！」「いよいよ倭寇がやって来るぞ！」「必要なときは撃ち落とせ！」といった好戦的なコメントを寄せていた。

真実は藪の中だ。国家安全上の機密にあたる部分なので、おそらく日本も中国も本当のことを発表しているわけではないだろう。中国国防部の上記の発表後、日本サイドはいちおう、フレア使用についてはしぶしぶ認めた。では中国機の攻撃動作がないのに、フレアを使用したのか。そのあたりについては「予防的にフレアを発射することはある」と歯切れが悪い。

その後、筆者が織田氏に会って中国側の「先に挑発したのは日本である」という言い分についてて尋ねたところ「戦闘機の火器管制レーダー照射（ロックオン）という行為は、攻撃の照準を合わせるという目的ではなく、相手機の所在やスピードを測定する目的がある。スクランブルで上空に出て、対象機をロックオンすること自体は普通で、それ自体は攻撃動作ではありません。むしろ、攻撃を避けるためにロックオンします。こちらに向かってきて後方を取るというのは明らかな攻撃動作です。日中の間で、何を攻撃動作と取るか、定義の問題になってくる」という。

とすれば中国国防部の発表はかなり真実に近いことになる。つまり双方の戦闘機がお互いに火器管制レーダーを照射しあい、その結果、ドッグファイトに似たような状況が起き、F15はスホイ30に後ろを取られた。撃墜の危機を感じたF15はフレア発射で空域を離脱した、ということだ。

いま日本人が知るべき「対中国防衛の最前線」

これはどういうことか。スホイ30はF15に相当するスホイ27の改良版、ワンランク上の戦闘機だ。つまり中国側は日本のF15と遭遇したとき、空中戦で勝つつもりで東シナ海尖閣諸島上空にやって来ているのである。そして模擬空中戦ともいえる状況で、日本の戦闘機を制した。それは中国が本気で東シナ海尖閣諸島上空の制空権を奪いに来た、あるいは奪えるかどうかを判断するための目的で来た、という解釈でいいだろう。

この事実が中国側の士気をどれほど上げたかは、中国国防部の発表を受けた中国人ネットユーザーの反応を見ればわかるだろう。

織田記事が懸命に警鐘を鳴らしているように、いま日本の対中国防衛の最前線はきわめて厳しい状況にあることを、もっと多くの日本人が知るべきだろう。だが、日本政府はこれを特定機密保護法〔安全保障に関する情報で特に秘匿が必要なものを「特定秘密」として指定、漏えいした場合の罰則などを定めた法律〕の対象として、公表を見送ったうえ、自衛隊ＯＢが危機感から問題提起したことをむしろ問題視して、情報漏えいの犯人探しに躍起《やっき》になっている。これは、中国国防部がおおむねの内容を公表した今になっては、東シナ海防衛の最前線にいる人たちの士気を下げ、日本の防衛体制の穴を中国に知らしめる利敵行為以外の何ものでもない。


河野統幕長が六月三〇日の会見でも言及していたが、二〇一六年四～六月の中国機のスクランブルは前年同期比一・七倍で急増している。現役のパイロットの数は限られており、私が仄聞《そくぶん》したところでは、予備パイロットまでアラート待機を命じられているという。

習近平政権の軍事的挑発は、二〇一六年前半までは南シナ海で、六月以降は東シナ海で急激にエスカレートしている。もともとのサラミ戦術〔サラミを薄く切るように小さな行動を積み重ね、時間の経過とともに有利な戦略的環境を整えていく」を好んだ中国だが、最近の軍事挑発は〝厚切りハム〟ぐらいの大胆さでエスカレートしていて、いつ偶発的衝突、偶発的戦闘が起きてもおかしくない状況だ。

東シナ海上で軍事挑発をする中国軍艦

この日中戦闘機異常接近事件の前に、東シナ海の海上でも立てつづけに、日中の軍事的緊張が高まる事件があった。

二〇一六年六月九日、尖閣諸島周辺の接続水域に中国の軍艦が初めて侵入した。この海域には軍艦を改造した中国海警局巡視船が侵入しては海上保安庁の巡視船に追い出されることを繰り返しているのだが、軍艦となると意味合いが全く違う。官邸はすぐさま危機管理センターを設置し、米国とも連絡をとりあった。外務省は夜中に駐日中国大使を呼び出して厳重抗議した。速やかに接続水域を出ていくことを要請し、このまま領海に侵入すれば、日本としては海上警備行動を直ちにとるとの警告を発したという。

ロシアの軍艦も同じタイミングで接続水域に入ったため、中ロが結託して、日本を挑発したという疑いがあった。中国側が自国の領土領海と言い張る尖閣諸島周辺海域にロシア軍艦が入ったことを口実に、ロシア艦を監視するという建前で自らも接続水域に入った、という見方が今のところ主流である。

この件について、中国共産党中央紙・人民日報の傘下のタブロイド紙『環球時報』（二〇一六年六月一三日付）は、「いよいよロシアも参入！　釣魚島〔中国の尖閣諸島の呼び名〕をめぐる大博打」と題した、少々ちゃかした感じの論評を掲載した。おそらく当局が大衆に伝えたいメッセージが込められている。

「注目に値するのは日本側の中国とロシアに対する対応差だ。ロシア軍艦のほうが接続水域侵入の時間が早く、海域航行時間も長く、艦の数も二隻多い。なのに難癖をつけ、抗議するのは中国だけで、ロシアに対しては文句を言わない。理由はロシアが釣魚島の領土主権を主張していないからだ」と。

敏感な水域をあえて航行するプーチンの軍事外交は大胆かつ強硬である。最後に付け加えていえば、ロシアの過剰に大胆な部分を中国は学ぶ必要もないし、できないが、少なくとも外交局面においては、もっと活発になることが中国の成功の秘訣だろう。たとえばロシアのウクライナ危機や迅速なシリア撤退のようなこの種の謀略は参考にする価値がある。とくに南シナ海問題が煮詰まりつつある今、釣魚島で再び風雲を起こすことは、実際なんの不都合もないのである。釣魚島をめぐる中日の争いは表面的なものであり、実際は米国の存在を避けて考えることのできない問題だ。釣魚島の問題は、全東アジアの大博打の一部でしかない。そこに、いよいよロシアが加わって釣魚島をめぐる大博打がいま始まったわけだ」

つまり、ロシアのウクライナ危機やシリア問題の対応の戦略性を見て、中国も尖閣諸島周辺でいま風雲を起こすことに意味を感じているということだろう。

自衛隊の反応や力量を探るための軍事挑発

この尖閣接続水域に対する初の中国軍艦侵入事件に続いて六月一五日午前三時三〇分、今度は中国海軍の情報収集艦がインド海軍の艦艇を追尾しながら、鹿児島県口永良部島《くちのえらぶじま》沖の領海を航行した。この中国艦は午後三時五分に今度は沖縄県北大東島の北で接続水域に入り、一時間後に出た。その翌日の一六日午後三時すぎ、同じ艦は沖縄県の北大東島の北側で接続水域に侵入した。

防衛省は日本の安全に即座に影響を与えるものではなく、国連海洋法が認める無害通航でないとはいえない、として抗議もしなかった。中国国防部は同日、「中国軍艦の領海通過は国連海洋法条約が規定する航行の自由の原則に適合する」と発表した。

六月九日の尖閣諸島接続水域への侵入、一五日の領海侵犯と同じ情報収集艦による一六日の接続水域侵入。そして一七日の東シナ海・尖閣諸島上空近くの戦闘機異常接近。これら一連の出来事をセットで考えると、これは中国にしてみれば、東シナ海「航行の自由作戦」とでもいうべき戦略的行動であり、将来的に尖閣諸島奪取を仕掛けるときの日本の反応や力量を探る狙いもあったのではないかと思われる。

領土領海の主権を主張する尖閣諸島接続水域に侵入したとき、領海侵犯すれば海警行動をとると警告されたので、実際に領海に侵入したとき日本が本当に海警行動をとれるか、試したのだという説もある。

実際は日本側は「無害通航」という判断をした。純粋に無害通航かといえば、情報収集艦がすべての電源を切ってレーダーをオフにして通航するわけではないのだから、当然ながら中国としてもこれは軍事的に意味のある行動である。

日本領海を中国軍艦が通ることを常態化させることの布石かもしれない。二〇一五年九月四日、アラスカ沖の米領海を中国軍艦五隻が航行したときも、米国はいちおう無害通航と認めたが、このときもオバマ大統領のアラスカ訪問のタイミングに合わせており、明らかにオバマ政権の対応を試す瀬踏み行為であり、挑発といえる。結局、日本は口では海警行動を取ると警告していたが、実際に領海を通っても何もできなかった、という前例を中国は得たというだけでも軍事的意味はあっただろう。

続いて八月五日以降、大量の漁船と武装した中国海警船が繰り返し尖閣諸島の領海を侵犯した。産経新聞の報道によれば、この漁船には、七月に「日本への憎しみ」教育を受けた海上民兵たちが少なくとも一〇〇人乗り込んでいたという。日本はこの件について、繰り返し抗議を行ったが、抗議だけなら中国は痛くも痒《かゆ》くもない。

こうした解放軍の挑発行為は、一部では習近平が軍を掌握しきれておらず、軍の勝手な行動だという見方もあるが、私は習近平政権の対外強硬姿勢を反映した軍のアクションであり、習近平政権の指示による計画的行動だと考えている。

では習近平政権はなぜここにきて、東シナ海で日本に対する軍事的挑発を強めているのだろう。習近平政権は何を考えているのか。

いま南シナ海で起きている現実とは

東シナ海で起きていることは、南シナ海の状況とリンクしていると考える。

南シナ海で今、何が進行中かということを整理しておこう。

南シナ海では今、中国が実効支配を進め、フィリピンやベトナムと領有を争う南沙《なんさ》（スプラトリー）諸島や西沙《せいさ》（パラセル）諸島で軍事拠点化を進めているところである。

二〇一六年二月、中国はベトナムと領有を争う南シナ海の西沙諸島の永興《えいこう》（ウッディー）島に、地対空ミサイル紅旗9を配置。米国らが抗議するも、自国の領土領空の防衛設備を造るのは当然の権利、とうそぶいた。米保守系メディアFOXニュースが、特ダネとして「解放軍が南シナ海の島に地対空ミサイルを配備した」と報じたのは二月一六日。米民間の衛星画像で確認されたという。FOXによれば、少なくとも二月三日には何もなかったところに、一四日にはミサイル設備が写っていた。

中華圏における春節《しゅんせつ》（旧正月）祝いムードに冷水を浴びせるように、北朝鮮が弾道ミサイ

西沙諸島

中国はベトナム戦争中の1974年に南ベトナムが実効支配する西沙諸島に攻め込み、今も実効支配する。

ル（人工衛星）発射実験を行ったのが二月七日の除夕（旧暦の大晦日）だが、そのどさくさに紛れて、このミサイルを配備したものと思われる。

ちょうどそのころ、習近平政権は解放軍の軍制改革に本格着手。従来の七大軍区制を改変して五大戦区の設立を宣言したのが二月一日。旧ソ連式の軍区制が敵を国内に深く引き入れて戦うことを前提にした組織編制であるのに対し、米国式の戦区（戦略区）制は、海外への軍派遣を想定した軍の編成である。つまり、国際社会が北朝鮮の核実験に対する制裁決議を採択するために中国の同意を取り付けようと説得しているのを、のらりくらりとかわしながら、南シナ海に本格的に軍事進出をするための布石を急ピッチで打っていたわけだ。

配備されたのは紅旗9（HQ-9）という地対空ミサイル部隊二個大隊分のランチャー八基、レーダーシステム。射程距離二〇〇キロメートルともいわれ、ロシアの長距離地対空ミサイルシステムS-300をもとに中国が九〇年代に完成させた自慢のハイテク兵器だ。一台のランチャーから発射されたミサイルは海抜三〇キロメートル上空で二〇〇キロメートル離れた六つの目標を同時に撃破できる。

この報道を受けて、中国の王毅《おうき》［一九五三〜／日本語、英語に堪能］外相は「おそらく西側メディアの『でっちあげニュース』のや

王毅

り方であろう」と、米国メディアがあおっているといわんばかりのコメントを当初はしており、また翌日の外交部定例会見でも報道官は「詳しくは承知していない」と言葉を濁《にご》した。だが、国防部は「南海（南シナ海）の武器配備はすでに何年も前から行っている」と、開き直って事実を認めた。さらに、米戦略国際問題研究所の衛星写真をもとにした分析によれば、南沙諸島のクアテロン礁で高周波レーダー施設と見られるポールが建設されていたという。永興島には戦闘機J-11号が配備されたことも確認された。

中国国防部がいうように、南シナ海の武器配備は今に始まったことではなかった。

中国、ベトナム、台湾が領有を主張する西沙諸島は目下、中国が実効支配を固めている。紅旗9が配備された永興島に関しては第二次大戦後、日本がその領有権放棄を宣言したあと、国共内戦で敗走してきた国民党軍が上陸するも、一九五〇年、中国共産党の武装漁民によって占拠された。

一九五六年までに西沙諸島の東半分が中国の実効支配下に置かれ、西半分は南ベトナム（ベトナム共和国）が実効支配。ベトナム戦争末期の一九七四年、南ベトナムの疲弊を狙って中国が軍事力でもって西沙全体の実効支配を実現。このとき、南ベトナムの護衛艦が撃沈されている。

中国の南シナ海軍事拠点化の真相

その後、永興島を中心に、南シナ海の軍事拠点化を進め、一九八八年には二六〇〇メートル以上の滑走路と港湾を建造。二〇一二年には南沙、西沙、中沙《ちゅうさ》諸島をまとめた海南省《かいなん》三沙《さんさ》市への行政区分が公式に発表された。現在、解放軍、武装警察部隊、役人、若干の漁民を含む一〇〇〇人が住み、ガソリンスタンドも銀行もスーパーもファストフード店もあるミニ都市島が出来上がっている。

南沙諸島は、中国のほか、台湾、フィリピン、ベトナム、マレーシア、ブルネイがその全体および一部の領有を主張して対立。台湾が

南沙諸島

中国は南沙諸島にあるミスチーフ礁に勝手に建造物を造り、フィリピンから実効支配を奪う。

太平島および東沙《とうさ》諸島を実効支配、フィリピンはパグアサ島など一〇カ所を実効支配していた。もっとも広範囲を実効支配していたベトナムは一九八八年、中国解放軍海軍と交戦して負け、ファイアリークロス礁、スビ礁などを武力でもって奪われた。中国はファイアリークロス礁を解放軍南海艦隊の戦略拠点とすべく二〇一三年には中国移動（チャイナモバイル）の通信基地を開設、軍人ら二〇〇人を常駐させている。

南沙のミスチーフ環礁は、フィリピンが実効支配していたが一九九五年、在フィリピン米軍が完全撤退した時期、中国にミスチーフを漁民の休憩所に貸してくれと頼まれてうっかり承認したのが運の尽き。いつの間にか勝手に島に建造物を造り実効支配を奪ってしまった。ちょうどモンスーン時期でフィリピン海軍のパトロールができなかった隙をついての行動だった。

フィリピンは抗議を行うが、中国は建造物は自国の漁師を守るためのものとうそぶいて、そのままだ。実際は、ヘリポートや風力発電施設もあり、軍事施設だと見られている。スビ礁では、レーダー施設の建設が二〇一二年に確認され、また三〇〇〇メートル級の滑走路も建設している。

二〇一二年は中国のウミガメ密漁船を拿捕《だほ》したフィリピンに対し、解放軍海軍は「漁民の安全を守る」という建前でスカボロー礁に艦船を進攻させた。中国とフィリピンの海軍がにらみ合いを行っているときに、米国が仲裁に出て、双方撤退することで合意したはずが、撤退したのはフィリピンのみ。中国はまんまと実効支配を奪い、コンクリートなど建設材を運び込んでいる。この中国のやり方に腹を立てたフィリピンは二〇一三年一月、オランダ・ハーグの国際仲裁裁判所に中国を提訴した。

七〇年代から始まっていた南シナ海軍事進出

こうしてみると、中国の南シナ海軍事進出は七〇年代半ばから着々と進められてきたわけで、しかも、相手国が別の国との戦争で疲弊したり、米軍のプレゼンスが低下した隙をついて、だまし討ちで武力にモノを言わせて奪い取るという卑怯な手を使ってきた。もともと満潮時に水没する岩礁は、国際海洋法上では島と認められず、領有権や領海を主張することはできない。なのに、実効支配をうそぶき軍事施設まで造ってしまうのは違法行為である。

習近平政権になるまでは、こうした軍事化の実態は隠され、対外的には「漁民のため」などという民生用の施設のふりをするだけの〝奥ゆかしさ〟もあった。だが、今や地対空ミサイルという明らかな兵器を配備。しかも、米国の衛星写真ではっきりとわかるようにビーチにランチャーを並べて見せた。米国防省によれば、南シナ海でミサイル配備されたのは実は今回が初めてではなく、過去二回あった、という。過去の例は「演習」のための一時的な配備、というポーズを貫いていたが、今回は「領空の防御は当然の権利」とミサイル配備の恒常化を匂わせている。

こうした軍事拠点化の動きを隠さぬようになったのは、習近平政権がオバマ政権の弱腰を見越しているからだろう。二〇一二年のスカボロー礁事件のときも、オバマは手を出さず、ファイアリークロスの埋め立ては、二〇一四年から始まっていたが、やはり何もしなかった。二〇一五年一月から三〇〇〇メートル級の滑走路が建設されているのがわかっていても、何もできなかった。二〇一五年一〇月に米国はようやく、ファイアリークロス近海を駆逐艦に無害通航させる「航行の自由」作戦を行うが、実は作戦二カ月前から水面下では中国に作戦内容を説明して理解を求めるという腰の引けぶりであった。

その一方で中国は、二〇一六年一月二日にファイアリークロスに新しく造った滑走路で民間機の離着陸テストを行う。北朝鮮の核実験に米国や日本が大騒ぎしていた一月六日は、最大離陸重量七〇トンクラスの大型爆撃機に匹敵するエアバスA319の離発着テストが行われた。これで滑走路が軍用機の使用に耐えうることが確認されたという。一月三〇日に米国は二回目の「航行の自由」作戦を、より中国に近い西沙近海で行うが、中国はむしろそれを「米軍の挑発行為」と非難して、西沙の紅旗9配備などの口実にするのだった。

「中国は違法行為」と非難したハーグの国際仲裁裁判所

こうした緊迫した状況の中で二〇一六年七月一二日、中国の南シナ海の島嶼《とうしょ》の領有権主張に関する一つの国際社会の判断が下される。中国にスカボロー礁をまんまと実行支配されてしまったフィリピンが二〇一三年一月にオランダ・ハーグの国際仲裁裁判所に仲裁を申し入れた、その判決裁定が発表されたのだ。

判決では、中国が主張する九段線は歴史的根拠がないと完全否定された。中国がフィリピンと領有を争うスカボロー礁などに勝手に建造物を建て、軍事拠点化しようとしていることは、国際法に照らし合わせ完全な違法行為、ということになる。

ハーグ仲裁判決のおもな内容は以下のとおりである。

①中国が主張する九段線内の資源についての〝歴史的権利〟の主張は法的根拠がなく国連海洋法に違反している。②中国側が礼楽灘（リード堆）で資源採集しているのはフィリピンに対する主権侵害であり、中国側は南沙諸島のサンゴ礁生態系に回復不可能なほどに損害を与えている。③中国側漁民の南シナ海における大規模なウミガメ漁、サンゴ漁はサンゴ礁生態系を破壊しており、これを停止させないのは中国側の責任である。④中国台湾当局が実効

支配している太平島を含め、南沙諸島の島々は岩礁であり島ではない。したがって、EEZ（排他的経済水域）も派生しない。⑤天然の美済（ミスチーフ）礁、仁愛（セカンド・トーマス、またはアユンギン）礁、渚碧（スビ）礁はすべて満潮時には水面下に隠れ領海も、EEZも、大陸棚も派生しない。中国の人工島建設はすでにフィリピンの主権・権利を侵犯している。

米国主導の国際秩序に対して宣戦布告

これはおおむね予想されていた結果だった。当然、中国側は判決が出る前から判決の無効を主張していた。だが、いざ「国際社会の常識」が中国の行為を違法と決めつけるとなると、習近平政権のメンツはいたく傷つけられたことだろう。

中国の王毅外相はこの判決に対して次のように言い放った。

「この判決は受け入れられないし認めない。最初から終わりまで法律の衣を着た茶番であり、この判決には明らかに政治的背景と瑕疵《かし》がある。海洋法公約と国際法治を公然と破壊するものであり、この本質は徹底的に暴露されるべきである。

フィリピン前政権は一部外国勢力に操られて当事者の同意を経ずに、双方の二国間協議による解決の機会を放棄した。その目的は、中国・フィリピン間の争議の妥当な解決などではなく、中国の領土主権と海洋権益の侵害であり、南シナ海の平和と安定の破壊である。仲裁案をもとに悪意ある煽動によって政治を操ることは、南シナ海問題をさらに緊張と対立の危険領域に巻き込むことになるだろう。これは地域の平和安定維持に完全に不利であり、中国・フィリピン両国、地域国家と国際社会全体の共同利益に合致しない。この茶番はもう終わった。正しい道に戻るときだ」

近年、ヒステリー気味の王毅にしてみれば、比較的抑えた言葉遣いだが、この談話ににじむのは、中国こそ国際秩序の建設者である、という主張であり、今回の判決は一部外国勢力（具体的には日米）の陰謀であり、国際社会の総意ではないという立場である。中国は国際社会の大儀は自分側にあるとして、米国側こそ国際社会の声に耳を貸せ、と言っているわけだ。

余談だが、日本の鳩山由紀夫《はとやまゆきお》〔一九四七～／第九三代内閣総理大臣、民主党元代表。東アジア共同体研究所理事長〕元首相は七月一六日に北京・清華《せいか》大学で行われた「平和国際フォーラム」席上で「中国やフィリピンに圧力をかけて仲裁判断を受け入れるよう促すべ

鳩山由紀夫

きではない」と発言し、仲裁裁判所の判決に対し不支持の態度を示している。

現地メディアの報道によると、この席で鳩山は「東アジア和平理事会」の創立を提言し、南シナ海については「米国の関与が深い」「米国がいつも仮想敵国をつくり出し、国家を動員して軍事と産業の結合を進める策略をしばしば使い、日本もこうした策略を使っている」「中国が釣魚島の主権を主張することはなんら問題ない。メディアが中国脅威論をあおっている」「中国が軍の兵力三〇万人の削減を宣言したことは平和に向かう善意の表れ」などとかなり中国に向かってリップサービスしたようだ。

つまり中国側は、南シナ海判決については、中国側を支持する側の国が多く、日本の平和主義的な元首相も判決がアンフェアだと見ていることなどを根拠に、正義は中国にあり、国際仲裁裁判所の判決は米国の陰謀であり、国際常識・国際秩序のルールメーカーはこれからは中国であるとの立場を国内で喧伝しているわけである。これは従来の国連主導、米国主導の国際秩序、国際常識に対するある種の〝宣戦布告〟ともいえる。

南シナ海有事の現実味とは

これによって南シナ海有事が現実味を帯びてきたといえる。中国側には戦争する意志も

〝大儀〟もある、ということになるからだ。

だが、すぐさま戦争が起きる、とは私は考えていない。

なぜなら提訴した当事者のフィリピンの新しい大統領ロドリゴ・ドゥテルテ〔一九四五～／第一六代フィリピン大統領。麻薬撲滅を掲げ、麻薬犯罪容疑者の射殺が二〇〇〇件以上に及び国際問題に〕は判決を歓迎するも、かねてから「絶対戦争はしない」と言明しているからだ。

国際裁判所に仲裁を仰いだ前アキノ政権は明確な親米派だった。だが現在の大統領のロドリゴ・ドゥテルテは大学でフィリピン共産党の指導者シソンに師事した左派で、かなりの米国嫌いだ。新内閣にもフィリピン共産党から四人の閣僚を起用。フィリピン共産党に中国系資金が入っていることは結構知られた話であり、親中色の濃い内閣といえよう。

ドゥテルテ自身は判決が出る前から「事態が動かないなら二国間協議で解決」ということを言っている。一方、中国側は経済支援を申し出る代わりに判決を棚上げし、南シナ海の共同開発という形に懐柔していく方針を内々に決めていて、その交渉力に自信を持っている。ただフィリピン、中国双方が戦争を回避して話し合いで決着をつけるとしても、それは平和とは程遠い。

二〇一六年内にスカボロー礁の軍事施設を完成させ、二〇一

ドゥテルテ大統領

七年に南シナ海上空に防空識別圏を設定し、二〇一九年までに海上移動式原発二〇基を南シナ海で稼働させる方針を、習近平政権がすでに決定事項としているということは、香港消息筋から流れている。「出ていってください」と口頭で言っても中国が素直に聞く耳を持つわけがなく、中国の南シナ海の軍事拠点化を完全に中止させるには、相応の強制力が必要で、それは経済制裁か軍事制裁ということになるが、中国にそういう圧力をかけることができる国が世界にいったいどのくらいあるのか。

国際仲裁裁判所の判決が出てから開催されたラオス・ビエンチャンでのASEAN外相会議では、共同声明にフィリピンが盛り込むよう求めていた仲裁裁判所判決の内容は触れられなかった。これは中国から多額の経済支援を受けているカンボジアやラオスが強く反対したからであった。

また、王毅外相はケリー米国務長官との会談の席で、中国とフィリピンの二国間協議を米国に求め、「米国はフィリピンが一方的に提訴した仲裁案の内容に対して立場を持たず、フィリピンと中国の対話の再開を支持し、双方が対話をもって目下存在する問題を解決することを支持する」との言質を引き出している。

九月に中国浙江省で開かれたG20、続くラオス・ビエンチャンで行われたASEAN首脳会議でも、判定を無視する中国への非難は声明に盛り込まれなかった。それどころか、ビエンチャンでドゥテルテがオバマを「売春婦の息子」と罵倒して、首脳会談がドタキャンになった件などを見れば、米・フィリピンが協力して中国の南シナ海覇権を力づくで封じ込めるというシナリオはどう見ても考えにくい。

こうした当事国のフィリピンを含むASEAN諸国、残り任期の短い米オバマ政権の中国の南シナ海問題に対する腰の引けた姿勢の理由は、南シナ海で偶発的であっても戦争のような事態は絶対に起こしたくないからだ。そうなってくると、中国もあえて無理に戦争を仕掛けるきっかけはつかみにくくなる。

だが、それは有事の可能性が先延ばしにされたというだけのことだともいえる。

中国は本当に戦争する気があるのか

中国は口では「平和の庇護者」を名乗り「平和的話し合いで争議を解決」というものの、これは棍棒《こんぼう》を片手にした話し合いだ。

判決が出る前日まで南シナ海で北海・東海・南海の三艦隊合同の大規模実弾演習を行い、そのビデオ映像をネットやテレビで繰り返し流すなどして、国内で「戦意高揚」プロパガンダを展開している。

解放軍は退役軍人・民兵に対し戦争に備えて元の部隊に戻って海軍演習に参加するよう通達を出しており、中国側は着々と臨戦態勢を整えはじめている。

こういう中国の「戦争やる気モード」を前にして、米国もフィリピンも、そして国際社会も戦争を回避せねば、と考える。そういう雰囲気の中で中国が多少、柔和な態度で話し合いを切り出せば、中国の思惑どおりの運びで話し合いは進むだろう。

当面の南シナ海での軍事的衝突、軍事的緊張をうまく回避できたという点で、ひょっとするとほっと胸をなでおろす人もいるかもしれないが、これは中国の南シナ海軍事拠点化を阻止することにはならず、これはより大きな危機の始まりともいえるのだ。早ければ年内にも、南シナ海の島々に解放軍のレーダーやミサイルが配備され、南シナ海の中国軍事拠点化が完成する。

南シナ海は中国海南島にある戦略核ミサイル原潜の基地の接続水域であり、南シナ海の島々の中国の軍事拠点が完成されることで、この海域は中国原潜のサンクチュアリとなり、米国の影響力を第二列島線の向こうまで後退させるという戦略目標への実現の一歩となる。

このように考えると、南シナ海については、中国としては当面は派手な挑発行動をするよりも、態度を軟化させたふうに見せようという戦略にシフトするのではないかと思われる。

ただ、態度が軟化したように見えても、南シナ海の軍事拠点化は確実に進められる。南シナ海で着実に実行支配強化を進める一方で、六月あたりから東シナ海に対して軍事挑発行動をとり始めたのは次の段階への布石ではないだろうか。

強大な軍事力と経済力を持つ国が新しいルールメーカー

南シナ海は東シナ海とつながって第一列島線の内側を形成する。南シナ海の軍事拠点化が完成すれば次は東シナ海が狙われる。

尖閣諸島をめぐって日中の軍事的対立、緊張が今以上に高まることになるわけだ。習近平政権は今現在まだ解放軍の軍権を完全に掌握していないといわれているが、もしフィリピンとの外交成果として南シナ海軍事拠点化が完成すれば、解放軍の習近平に対する忠誠や信頼は強まるかもしれない。

中国は将来的に米国の二倍にあたる潜水艦保有を計画しており、海軍力が高まった中国との対峙は、今とは比べ物にならないほどの脅威となるだろう。

さらに言えば、国際仲裁裁判所で判決が出たにもかかわらず誰も中国を止められなかった事実によって、「国際社会」の権威の失墜《しっつい》が明らかになる。国連という枠組みの国際社会の秩序の中で法律に基づいて決めたことが、強大な軍事力と経済力を持てば無視できることを中国がその行動で示すことになる。

国際イメージを損なう、国際社会で孤立するという、常識のある国にはできない選択を一三億の人口と世界第二位の経済規模を持つ中国はやってしまい、国際社会は中国を制裁できないどころか、アンチ米国のロシアやアフリカや東南アジアの小国六〇カ国が中国支持に回る。こうなっては国際秩序や国際ルールって何なのだ、という話になる。

現在の国際ルールは、すでに無力化しかけて、強大な軍事力と経済力を持つ国が粗暴な恫喝と懐柔で、新たなルールメーカーになろうとしている。南シナ海における今の中国の動きは、そういう意味もあるのだと想像する。

そう考えれば、仲裁裁判所の判決が中国の主張を退けてよかった、と安心するのは早い。中国が判決に従わざるを得ないように、経済力、軍事力を備えた外交力を駆使してプレッシャーを与えていかねばならないこれからが、正念場といえよう。

習近平の軍制改革とは何か

この東シナ海と南シナ海での動きと一緒に考えなければならない問題は、習近平の軍制改革とは何かということである。

習近平は総書記の座に就いた直後から、軍の掌握こそ共産党体制の維持だという考え方を持って、軍権掌握をプライオリティーの最上位に置いていたと思われる。その目的を実施するために、徐才厚、郭伯雄といった軍に影響力の強い大物上将を汚職で失脚させたいきさつは第一章で述べたとおり。

では実際にどのような軍制改革に取り組んでいるのか。

軍制改革は二〇一三年秋の三中全会コミュニケにも盛り込まれていたが、二〇一五年秋に具体的に始まった。かなり前倒しの感がある。同年一一月二四日から二六日までに北京で中央軍事委員会改革工作会議が開かれ、そこで「軍制改革方案」が決定された。

まず、二〇二〇年までに今の陸軍中心の軍区制から空海軍中心の戦略区制に改編させる。また二〇一五年九月三日の軍事パレードで宣言したように三〇万人の兵力を削減する。巨大な政治体であり腐敗の温床であった解放軍を高度に情報化した先進国並みにプロフェッショナルな近現代軍に作り替えるのが目標のようだ。

この決定によって、全面的な強軍化戦略の実施の堅持が明確化されたという。中央軍事委員会国防と軍隊改革深化指導小組のトップにいた習近平は、会議の席で「国防と軍隊改革の深化こそ中国の夢、強軍の夢の時代的要求に合致しており、これは強軍興軍の通らねばならない道であり、また軍隊の未来を決定する鍵でもある」と強調した。

なぜこのタイミングで軍制改革をやろうとしているのか。

建前上の説明は、習近平の掲げる「二つの百年」目標実現のためということになる。

つまり、①共産党成立一〇〇年（二〇二一年）までに中国で全面的なゆとりある社会（小康社会）を打ち立てること、②中華人民共和国設立一〇〇年（二〇四九年）までに社会主義現代国家を打ち立てること、を実現するためである。国際社会の複雑な変化に対応し、中国の特色ある社会主義を堅持、発展させ、〝四つの全面〟〔習近平の国家統治のための戦略布石、全面的小康社会の建設、全面的改革の深化、全面的法治国家の推進、全面的党治の厳格化〕の協調的推進に、必要なのが軍制改革による強軍興軍化である、という。

兵力三〇万人削減という大リストラ

習近平の軍制改革で、解放軍はどう変わるのか。

まず軍区制から戦区制に変更した。従来の解放軍は七大軍区制だ。これは旧ソ連の軍管区制度にならったもので、中国が国境から敵に侵略されることを想定して陸軍を七つの地域に密着した軍事組織・軍区に分けている。軍区の司令にその地域の作戦を実施するうえでのかなり強固な指揮権がある。地域密着型のきわめて政治性の強い軍組織であることから、利権の温床ともなりやすく、軍閥化もしやすい。軍内派閥もだいたいこの軍区の出身によって形成されてきた。一九四九年に軍区制が導入されて以来、統廃合はあっても軍区制自体が変えられることはなかった。

これが新たな五大戦区制（戦略区制）に切り替わる。これは米軍の統合軍がモデルのようで、戦略・作戦目的ごとに陸、海、空軍の統合軍が設置され、指揮系統も統合作戦指揮系統が置かれる。中国が今現在想定する戦争は国境から外敵の侵略に対応するものではすでになく、南シナ海・東シナ海での空海軍やミサイル部隊を主力とした紛争だ。あるいはテロや内乱対策。そう考えると陸軍の地域密着型軍区の強い指揮権は意味をなさないうえ、その強い政治性は中央にとって脅威でしかない。

さらに習近平は、従来の解放軍の実権を握っていた四大総部〔総参謀部、総政治部、総装備部、総後勤部〕を解体し、具体的な職能を持った一五部局〔七部・三委員会・五直属機関〕に再編成した。それらを中央軍事委総参謀部の直属機関とする。つまり、かなり具体的な軍の運営を、習近平をトップとする中央軍事委が掌握するようにした。

中央軍事委統合作戦指揮部の長コマンダーインチーフの肩書も習近平のものとなった。これは、平時から戦時体制に変わる準備ともいえる。習近平の権限の中には仮想敵国の想定や戦術戦略研究の方針も含まれるという。旧四大総部の長の職位は、習近平の決定に従って実務に専念する職能機関に格下げになる。

さらに、兵力三〇万人削減という大リストラを開始している。これは軍縮ではない。軍のスリム化による強軍化であると同時に、軍の徐才厚、郭伯雄（ともに習近平の政敵として粛清された）の残党の粛清発表と受け止められている。この三〇万人の内訳の多くが「非戦闘員」といわれている。汚職の温床化している装備部の圧縮が真っ先に挙げられている。また三〇万人中一七万人は、陸軍の江沢民系、徐才厚系、郭伯雄系ら将校クラスのようだ。この軍のスリム化は二〇一七年までに完了させるという。

また、軍が経営する民間向けの商業活動の禁止を進めようとしている。軍病院や軍事学院、軍の倉庫の民間開放や軍所属の歌舞団や文藝工作団のテレビ番組出演などがこれまで認められてきた。軍の土地の使用権が商業マンション用に譲渡されたりもした。これらは軍の利権・腐敗の温床となっているということで、これらを一切認めない方針に切り替わる。この軍の利権を徹底摘発する過程で、おそらくは政敵排除を進めていくと思われる。

二〇一六年二月までに、四大総部解体、七大軍区から五大戦区（東部、南部、西部、北部、中部）の再編成が実行された。

軍区の解体とリストラで陸軍の不満は爆発寸前

この軍制改革と並行して、習近平は軍内の要職に自分の〝子分〟となる人間を配置しようと人事権を行使した。

趙克石《ちょうこくせき》〔総後部長。軍制改革後は後勤保障部長〕や李暁峰《りぎょうほう》〔政法委員会書記〕、王安竜《おうあんりゅう》〔中央軍事委弁公庁副主任〕、苗華《びょうか》〔海軍政治委員〕、蔡英廷《さいえいてい》〔解放軍軍事科学院長〕といった面々の急激な出世は典型的な習近平人事である。彼らの多くが南京《なんきん》軍区出身、とくに第三一集団軍出身である。

第三一集団軍は通称アモイ軍と呼ばれ、習近平が福建、浙江省勤務だった時代に人脈を築いた。軍権掌握のために自分と仲の良い将校を出世させるやり方は、中国の指導者の常套《じょうとう》手段だが、習近平の場合、〝実力不足の将校がコネで出世〟した感が丸出しで、軍内の習近平に対する不満の理由となっている。

たとえば苗華は第三一集団軍から陸軍政治畑を歩いてきて、二〇一四年六月に蘭州軍区政治委員となったが、その後半年足らずでいきなり海軍の政治委員となり二〇一五年七月には海軍上将になっている。陸軍中将から海軍上将への上り方があまりに唐突で、しかも人事権を握る政治委員となれば、当然、生え抜きの海軍将校からすれば不満であろう。

総じて見ると、習近平の軍制改革は、陸軍の利権を奪い、軍閥化を予防し、自分の子飼いの部下を出世させ自分に忠実な軍隊に作り替えようというのが目的であるが、これが建前の目的の強軍化につながるかは、まだ疑問の余地がある。

軍区の強引な解体とリストラはもっとも大きな兵力を抱える陸軍の不満の種になっており、また強引な〝お友達人事〟は、根っこは実力主義を重んじる軍幹部たちの習近平に対する不信の芽になっている。このことは習近平もわかっているので、クーデターを警戒しているわけだが、その警戒感がよけいに、軍幹部との相互不信ムードを醸成するのである。

なぜ習近平はそんなに戦争をしたがるのか

ということで、習近平は軍制改革によって起きた軍内の不協和音を何とか抑え込まねばならない。昨今の南シナ海、東シナ海の動きは、中国の一〇〇年目標を果たすための戦略というよりは、目下の軍内の不満を現場で解消させる意味のほうが大きいかもしれない。

現在、習近平がもっとも信頼している軍幹部はおそらく海軍司令の呉勝利《ごしょうり》〔一九四五～／中国人民解放軍海軍上将。中国共産党中央委員会委員〕、その後を継ぐとみられる孫建国《そんけんこく》〔一九五二～／中国人民解放軍海軍上将、中央軍事委連合参謀部副参謀長〕、空軍司令の馬暁天《ばぎょうてん》〔一九四九～／中国人民解放軍空軍上将。中国共産党第一八期中央委員会委員〕である。目下制服組トップの軍事委副主席の地位にある范長龍《はんちょうりゅう》、許其亮《きょきりょう》は習近平に一応の忠誠心を示しているが、范長龍はいわゆる徐才厚の影響力が残る瀋陽軍区出身であり、許其亮はもともと胡錦濤に近い立場だ。習近平はこの二人の忠誠に対しては微妙に疑いを持っているようでもある。

　呉勝利は二〇〇六年から海軍司令を務め、二〇〇七年五月に米太平洋軍の司令官キーティングと会談したとき「太平洋分割管理」〔ハワイを起点として西を中国、東を米国が管理する〕を提案して、その野心の大きさが米国を驚かせた逸話でも知られる。その野心の大きさに習近平も共鳴し、今の南シナ海、東シナ海戦略につながっているとされる。

　軍制改革は、共産党独裁を維持するための軍権掌握、強軍政治に必要だとかなり強引に進めるが、そのことによって軍内に動揺が走り、不満がくすぶり出した。その動揺は、徐才厚、郭伯雄という軍の制服組の二大派閥の親玉を粛清したことに始ま

馬暁天

孫建国

呉勝利

るが、その粛清を徹底し、習近平が新たな親玉として実力を兼ね備えなければ、軍が習近平の敵となる可能性がある。これは途中では投げ出せないのだ。

習近平が軍の人事を握り改革を進めようとしても、軍の真の忠誠がなかなか得られないのは、実戦経験がない、ということも大きい。毛沢東、鄧小平は革命戦争で実際に戦ったからこそ、軍の信頼を得ることができた。実戦を経験しなければ、「銃口から生まれた政権」共産党の真のリーダーとして認められないのだ。

そういう意味では江沢民も胡錦濤も共産党の強いリーダーではなく、鄧小平の作った集団指導体制の枠組みで、鄧小平の威光を受けて指導者の仕事をしていたにすぎない。

習近平はその鄧小平の作った集団指導体制を自ら破壊し、強人政治を復活させようとしているのだから、鄧小平の威光ではなく、自分の力で軍の忠誠を勝ち取らねばならないわけだ。

軍のしきたりに無知だった習近平

二〇一六年四月二〇日、習近平はわざわざ迷彩服を着て中央軍事委員会統合指揮センターを訪れ、われこそがコマンダーインチーフ、最高指揮官だ、と名乗ったのは、次に起きるかもしれない戦争は、習近平が総指揮を執る習近平の戦争であり、その経験をもって解放軍のトップである自分の存在を軍に認めさせたいという意気込みでもあろう。ただ、銃をとって死線を潜《くぐ》り抜けた経験もなく、国防大学で戦略や戦術をきっちり学んだわけでもない文民政治家が迷彩服を着て「私が最高司令官だ」と叫んでも実際のところ、コスプレ以上のなにものでもない。

しかも習近平は二〇一五年九月三日の「抗日戦争・世界反ファシズム戦争勝利七〇周年」の軍事パレードでは、うっかり左手で敬礼するほど、軍のしきたりに対しても無知なのである。

そういう習近平が、軍制改革をさらに遂行し、強い軍隊を形成しつつその忠誠と信頼を勝ち取るには、もう実戦しかない。

振り返れば鄧小平は文化大革命後、文革で総崩れになっていた解放軍の立て直しを行いつつ軍権を掌握するために、軍制改革と大リストラ、そして戦争を行った。一九七九年の中越戦争は、鄧小平が軍権を掌握するプロセスのうえで非常な大きな意味を持つ。

「抗日戦争・世界反ファシズム戦争勝利70周年」で閲兵中の習近平。

国内的にはこの戦争は実践で鍛えられたベトナム兵によって返り討ちにされ、解放軍の事実上の負けであったが国内では勝利宣言を行い、鄧小平はさらなる軍の近代化改革を進める。そして一九八四年の中越国境紛争で、その雪辱を晴らした。鄧小平はこの二回のベトナムとの戦争を通じて、軍の近代化と軍権の掌握を確かなものにしたのだった。

習近平はおそらく、南シナ海、あるいは東シナ海での海戦によって、海軍中心の新しい解放軍体制を作り上げ、同時に軍権を完全に掌握し、強軍政治を打ち立てようと考えているのではないか。そう考えると、南シナ海と東シナ海で起きている過剰なまでの軍事的挑発も納得できるのである。

習近平はフルシチョフに似ている

では習近平の軍制改革が失敗すればどうなるか。香港の著名軍事アナリスト平可夫（ピンコフ）が興味深い論文を書いていた。習近平の軍制改革について「社会主義国の軍制改革は巨大な政治リスクが伴う」と警告し、フルシチョフが失脚した道を習近平がたどるのではないかという見立てを示している。簡単に紹介しよう。

社会主義国の軍隊は、党の指導に絶対服従の一党独裁の党の軍隊であり、もともとクーデターが起こりにくい性質があるが、同時に強固な利益集団を形成し、その利権、予算を争うことから軍閥化しやすい。

フルシチョフが行った軍改革の骨子は陸軍軍縮、陸軍司令部の撤廃であるが、その狙いは習近平と似ている。つまり大陸軍主義を解体し、軍閥化を防ぎ、党中央の直接指揮をしやすくするためだ。だが、社会主義革命から生まれた政権というのは銃口から生まれた政権であり、その銃口は陸軍の銃口だ。こうした改革は陸軍のプライドを傷つけることになる。

フルシチョフは陸軍を軽んじて核ミサイルの優先発展を決めた。このことに盟友とされたマリノフスキー元帥〔一八九八〜一九六七／ソビエト連邦陸軍総司令官、国防相などを歴任〕は、各軍ともバランスよく発展させるべきだ、陸軍を無視してはならないと反対したが、フルシチョフはそれを聞かなかった。習近平は陸軍よりも海空軍の発展を優先させている。一九六四年のフルシチョフの失脚は、軍に見放されたことが一つの重大な原因だとしている。

また軍制改革以外にもフルシチョフの性格は習近平に共通するところがある。集団指導体制を無視して自身に権力を集中させようとした点。同志への暴言や外国への粗野な対応。

平可夫はキューバ危機と南シナ海の現状も類似点があるとしている。

フルシチョフは「資本主義を葬らねばならない」と主張し、キューバの核ミサイル問題を引き起こした。習近平が南シナ海、東シナ海でやっている強硬な態度と似ている。キューバ危機のチキンレースのような状況が南シナ海や東シナ海で起こりえるわけで、その理由についてフルシチョフも習近平も「不必要に米国を刺激し、米国の決心を見くびっており、一方、自己の力量を高く評価している」と見ている。

そして、その問題の処理のやり方は「阿Q式の精神勝利法」（『阿Q正伝』（魯迅）の主人公がする思考法のこと。結果を心の中で都合よく解釈して自分の勝利と思い込むこと）。

フルシチョフは米国がキューバに進攻しないことを保証したので、ソ連は核ミサイルを撤収することを決定した。これは決定的に軍のメンツを潰し、マリノフスキーがフルシチョフを見限る最終的要因となった。マリノフスキーはこの後、公然とフルシチョフの軍制改革を批判し、ソ連軍の通常戦力の強化と対米政策の変更を要求。

南シナ海の状況はキューバ危機とはまだ比較できる段階ではないが、仮に習近平がこのままチキンレースをエスカレートさせていき、軍をコントロールできない状況に陥り、中国の軍のメンツを傷つけるような形で妥協したり、あるいは東シナ海で日本と限定的な衝突が発生して目も当てられないような結末になったりすると、解放軍の内にくすぶる不満は、習近平に向いて爆発する可能性があるだろう。

習近平は中国に旧ソ連と同じ道をたどらせないために、共産党が軍のコントロールを強化して共産党の執政政党としての正当性を維持すると決意した。そのために軍制改革に力を入れるが、そのことで軍の不満や不安定化を招いている。

その不満や不安定化を解消し、軍の団結をはかるため、また習近平が望む海軍中心の海洋覇権国家向きの軍隊に作り替えるためならば、東シナ海、南シナ海で米国を含む周辺国家を軍事的に挑発し、鄧小平時代にやったような局地的戦争をすることまで望んでいると仮定しよう。だが、ゴルバチョフのようになるまいと注意してきた習近平が、もしフルシチョフのように、米国の本気度を見誤ってしまい、キューバ危機のようなコントロール不全一歩手前の状況に陥れば、中国の軍事的メンツは潰される可能性が高い。そうなれば、習近平は失脚するかもしれない。その後にどのような状況が予想されるか。ブレジネフ〔一九〇六～一九八二／ソビエト連邦第五代最高指導者。集団指導体制を支援した〕時代のような長い停滞時代に陥るのか、あるいは混乱の時代に突入するのか。

一方、もし、米国のほうが中国の強気の挑発に恐れをなして、南シナ海や東シナ海の中国における軍事的プレゼンスの拡大を許してしまうことになれば、習近平独裁体制が確立し、米国秩序に対抗する新しい国際秩序のルールメーカーとして「赤い帝国・中国」がさらに国際社会でのプレゼンスを確立するかもしれない。呉勝利がキーティング司令官に提案したように「太平洋分割管理」の時代が来るかもしれない。

南シナ海・東シナ海問題がどちらの方向に行くのか、習近平がフルシチョフ化するのかしないのか、その方向性を決定するのは、二〇一七年秋までが一つの山場であると思われる。

知っておくべき習近平の外交感覚

この章の最後に習近平の外交感覚についても整理しておきたい。

胡錦濤政権以前の中国と習近平政権の中国の最大の違いは、共産党執政の正当性の根拠を経済成長から軍権掌握に転換したことだと、私は思う。胡錦濤政権も軍制改革を試み、結局挫折したのだが、胡錦濤政権の目指した軍制改革の本当の狙いは党の私軍である解放軍の国軍化である。まさしくゴルバチョフが進めた軍と党の切り離しに相通ずる。

社会主義国において、党の軍の国軍化こそ政治改革の核心であり、もっとも困難な挑戦といえるが、胡錦濤は無能といわれつつ、それに挑戦しようとした。結果は挫折したのだが。

一方、習近平の軍制改革は党が軍をより掌握し、それによって執政党の正当性を担保しようという、一種の先祖返り、あるいは北朝鮮化といってもいい動きだ。習近平政権では政治改革は凍結され、解放軍国軍化問題は中国における八つのタブーのうちの筆頭にある［※雑誌・メディアに通達されている、触れてはいけない八つのテーマのこと。①軍の国軍化問題②三権分立③天安門事件

④党・国家指導者及び家族の批判・スキャンダル⑤多党制⑥法輪功⑦民族・宗教問題⑧劉暁波。最近は劉暁波の代わりに憲政主義が入ることも」。

この変化は中国の外交政策を大きく転換させた。江沢民、胡錦濤政権は経済成長をまず第一に考えたので、グローバル経済の発展の中で、外交をきわめて重視し、基本は多極外交、協調外交であった。江沢民は反日政策をとったが、それでも日中経済協力の黄金期を築いた。胡錦濤政権下では小泉政権の靖国神社問題や民主党政権下での尖閣諸島をめぐる対立の先鋭化などもあったが基本は対日重視政策であった。

だが習近平の外交は、強い軍の存在と、それをきっちり掌握する強い党であることが共産党体制維持の最重要課題であるから、周辺の大国にはきわめて強い態度で出ることが大切であった。なので、習近平政権当初から、その外交政策は国際社会が目をむくような横暴さであり、粗野であった。その中でもとくに、日本は敵視されている。これは、後に香港筋から漏れ出る習近平の老幹部宛の手紙からもはっきりしている。

この手紙はやはり香港ゴシップ本『習近平内部講話』（広度書局）に収録されており、その後、周辺筋から情報の信頼性を聞いたうえで、私としては本当に習近平の主張が書かれた文書として見ている。

習近平がまだ総書記の座に就く前の二〇一二年九月一三日付の「第一八回党大会前の時局

においての個人的見解」と題した手紙で、胡錦濤、温家宝および江沢民、李鵬《りほう》、朱鎔基、喬《きょう》石《せき》ら同志・長老宛てとしてある。手紙の日付は、習近平の動静が不明であった二〇一二年九月一日～一四日の間にあたる。このとき、習近平はヒラリー・クリントンら要人との面会をドタキャンして、さまざまな憶測を呼んでいた。多くのメディアでは水泳中、プールサイドでめまいを起こし、転んで背中をけがしたと報じ、一部のメディアは暗殺説を報じた。だが、実際はこのとき、習近平はけがを理由に二週間の休暇をとり、ブレーンの一人の王滬寧と二人で、この手紙を書いていた、らしい。

手紙の内容は習近平が総書記の座に就いた暁に執りたい政策の方向性について書いてあり、とくに対日観について書かれた部分が刺激的であった。

きわめて強引な対日姿勢

対日観については「日本は長期の経済低迷に、天災人災が相次ぎ、社会存亡の危機に見舞われている。右翼勢力の台頭、戦後の国際秩序への挑戦、日本政府が釣魚島を『国有化』するなど、これは愚かな行動の一例だ。われわれは、アジア太平洋と世界の平和環境、秩序維持、国内の発展のために、かなり我慢して譲歩してきたが、最近の事態は我慢の限界だ。釣魚島は東海の中国大陸棚の資源に関係するだけでなく、国家の長期的戦略的経済利益に関係する。また、中華民族の近代から現代に至る屈辱的な歴史と民族の痛みにも関係する。（釣魚島防衛は）わが国民衆の民族の自尊、国家の尊厳、国家領土主権の防衛という正当な要求のほか、社会の各種矛盾、積怨、不満の爆発のはけ口も見つけることができる。……われわれは一定の民意に従い、同時に正確に誘導し、日本が運んできたこの重い石を、自分の足の上に落とさせるようにしよう」と、きわめて強硬な姿勢を説いていた。

しかも、①反日デモを抑制せず、たとえ日貨（日本製品）打ちこわしなどが起きても恐れない。②米国と協調してお互いが戦後秩序を守る立場で、日本の軍国主義復活・拡張主義復活に対する警戒を喚起する。③両岸三地（台湾、香港、中国）で協力して、漁民による非暴力形式での中国主権を主張する。④国連および国際関係機関に働きかけて釣魚島の主権を訴える。米国が日本に肩入れしないという前提であれば、国際社会は日本の味方ではない。⑤日本に対する強硬な外交姿勢を強め、経済貿易制裁など有形無形で発動する。⑥軍事的釣魚島防衛の準備を進める。⑦国内で釣魚島問題に関する民衆の言論を開放させ、世論を形成する。……といった、尖閣国有化を阻むための七つの提案も行った。

この手紙にあるように、中国政府は二〇一二年九月一六日の反日デモの激化を事前に防ぐ手立てをあえて打たず、日系企業や工場、商店の焼き討ち、掠奪といった事態にまで発展したことは記憶に新しい。あの当時は習近平はまだ政権の座に就いていなかったが、日本に対して弱腰であったがために、尖閣諸島国有化問題が起きたと党長老、軍幹部から責められていた胡錦濤としては、習近平の主張に従わざるを得なかったともいえる。

その後、習近平は、日本の尖閣国有化問題をテコに日米間の亀裂を広げ、日本を孤立させた後に、尖閣周辺で日本を挑発し、偶発的軍事衝突を引き起こし、日本の軍国主義復活脅威に対する国際世論を巻き起こして、尖閣諸島を奪うというシナリオを用意していたようだ。

尖閣諸島周辺でのロックオン事件

習近平政権が発足して間もなく起きた二〇一三年一月の「ロックオン事件」は、まさしくそのシナリオどおりに、習近平が尖閣諸島周辺で偶発的軍事衝突を引き起こそうと狙ったものではないかと、見られている。

これは、一月三〇日に、解放軍海軍フリゲート艦が海上自衛隊護衛艦に対して射撃用火器管制レーダーを照射した事件だ。艦の火器管制レーダーは戦闘機のレーダーと違い、射撃目的で照射されるので、日本政府もこれは攻撃動作だとして公表し、強く中国側を非難した。一月一九日にも海上自衛隊ヘリに対して同様の行動があった。日本は中国に対し厳重抗議を行った後は、勝手に「海軍の下っ端の暴走事件」というような解釈で、政府もメディアもうやむやにしてしまった。

習近平政権としては日本が挑発に乗って軍事行動を起こせば、それを理由に局地的衝突に持ち込む気であったとみられる。このころは、米国は中国よりも日本の軍国主義化のほうを警戒していると、少なくとも中国は考えていた。続いて二〇一三年一一月に中国が一方的に東シナ海上空にＡＤＩＺ（防空識別圏）発表したのも、こうした日本挑発のシナリオに従ったものだろう。だが習近平に大きな誤算があった。一つは、日本政府がこの手の挑発に非常に忍耐強く、日本人は良くも悪くもこうした危機に鈍感であったということ。そして中国のこうした危険な挑発はむしろオバマ政権にいっそうの警戒感を与える結果となった。

すぐそこにある戦争リスク

こう考えると、習近平政権は日本にとって非常に危険な政権である。日本は油断していると、「習近平の戦争」に巻き込まれかねない。

南シナ海、東シナ海にある戦争リスクは、もちろんキューバ危機には程遠いレベルだが、このリスクの卵がいずれ、習近平政権にも米国の次なる政権にもコントロールできないほど大きくなる可能性は十分に警戒しないといけない。そして、日本も東シナ海リスクに関しては当事者である意識を持たねばならないし、東シナ海と南シナ海がリンクしていることを考えれば南シナ海危機も他人事にしてはならない。

思い出すのは二〇〇一年四月一日に、南シナ海上空で起きた米中軍用機の衝突事件だ。中国側パイロットは海上に墜落し行方不明、米海軍の電子偵察《ていさつ》機EP−3Eは搭乗員ともども海南島に不時着し、解放軍により機体は徹底的に調べられたため、米軍の偵察システムは変更を余儀なくされた。衝突の原因は、解放軍パイロットの挑発行為。このときは中国側パイロットが行方不明になったこと、根っこが親米である江沢民政権であることなどから、なんとか自制が利いたが、同じことがいま起きたら？

もし、東シナ海で日中の戦闘機のどちらかが墜落したら？　どちらかのパイロットが死亡するような事態があったら？　パイロットがうまく脱出できたとしても、そのパイロットや機体の残骸《ざんがい》を万が一、中国側に回収されたならば？　あるいは、日本側が回収したとしたら？　尖閣諸島に戦闘機の残骸が落ちたら？　その回収を目的に、日中双方が同時に尖閣諸島の上陸を目指すことになるのか？　そのとき、どういう事態が想定されるだろうか。

あるいは、漁民に扮した海上民兵が尖閣に押し寄せ、上陸したら？　中国海警局が漁民を保護するために尖閣に上陸する可能性はあるだろうか？

そうなったとき、日本はどういう行動をとらねばならないか。そのとき、国内法的にどういう障害があるか。国際社会は日本の味方をしてくれるのか。今の日本は、そういう危機的状況に直面したときのことを、あえて考えないようにしている。

習近平の強軍志向や米国への侮り、対日強硬姿勢を見ると、二〇〇一年のころよりも、紛争への発展危機はよほど大きい。日中で局地的、短期的であっても紛争が勃発する可能性はたしかにある。

そのとき、中国に暮らす約一三万人の邦人はどのようなリスクを背負うのか。進出企業の資産や投資はどうなるのか。あるいは日本に暮らす約七一万人の中国人はどのような行動をとるのか。中国が伝統的にゲリラ戦法の国であり、二〇一〇年に中国は国防動員法を成立させているので、有事の際は、国内外の民間人や民間企業は国防に動員される。国内では外資系企業も除外はされない。

絶対に戦争は回避せねばならない。だが、一九七二年の施政権返還以来、続けてきた尖閣の実効支配が揺らぐことがあってはならず、南シナ海の軍事拠点化を許すような隙を中国に与えてもならない。そのために、リアルに今ある戦争勃発リスクをきちんと受け止めて、いま日本に足りないものが何であるかを国民一人一人が考えて政策に反映される世論を形成することが必要だろう。

第三章

経済は崩壊するのか

二〇一七年、中国版サブプライム住宅ローン危機

このままでは中国は経済崩壊に直面する。いや、一度崩壊の痛みに耐えなければ、中国経済の再出発はありえないのだ。本当ならば、もっと早々にバブルを崩壊させなければならなかったし、三中総会［二〇一三年の第三回中央委員会総会］で経済改革を打ち出し、二〇一四年に新常態（ニューノーマル、低成長経済の容認）を宣言した段階では、習近平政権の方針としては「痛みに耐えて改革を進める」覚悟であったのだろう。だが結局、二〇二〇年のGDP倍増・国民所得倍増（二〇一〇年比）の目標を諦めることはできず、七％成長維持を目指し、それを実現するために無茶としかいいようのない大型公共投資、財政出動を続け、相変わらずの高レバレッジで金融市場を回している。

口で言っていることと実行していることが裏腹なのは、背景に経済政策対立を建前にした権力闘争も関係あろう。その結果、二〇一五年の株高誘導政策は失敗、中国の対GDP比債務残高は二〇一五年末には二五〇％超に拡大し、大手企業、銀行の債務のデフォルト問題が持ち上がるも、デフォルトを容認するか否か政府の姿勢が一貫せず、債券市場は混乱。不動産バブルは歯止めが利かず、二〇一七年は中国版サブプライム住宅ローン危機がささやかれ

ている。

期待された人民元のSDR〔IMFが創設した特別引出権〕入りも、人民元への信用拡大につながらず、むしろ今年に入って国際決済通貨としての需要は減退傾向。中国の資本流出は加速し、外国の投資は激減し、輸出は低迷。「走出去」と呼ばれた中国国有企業の資源投資を中心とした対外進出は資源安のあおりを受けて窮している。

このままでは中国経済はハードランディング必至。いや、実態としてはすでにクラッシュしているのだが、それを社会主義経済特有のからくりと嘘でもって大丈夫なように見せかけてきた。

統計数字の水増しはいわずもがな、地方政府、国有企業、銀行の巨額債務を巧妙に隠してきた。国際決済銀行〔中央銀行相互の決済をする組織。通貨価値と金融システムの安定を目的として中央銀行の政策と国際協力を支援する〕のデータに基づく計算では、中国の公的債務は二〇一五年でGDP比四四％ということになっているが、中国社会科学院〔中国の哲学及び社会科学研究の最高学術機構で、総合的な研究センター。中国政府のシンクタンク〕による推計では二〇一〇年の段階ですでにGDP比二一五％となっている。その後の公共投資のペースなどを見ると、三〇〇％近くになっていても不思議ではない。

中国の経済崩壊とは、じつはすでに崩壊している経済の実態を受け入れることなのだ。中国では実質破綻状態にありながら、中央政府からの補助金で倒産せずにいる国有企業を「ゾンビ企業」と呼んでいるが、中国経済がすでに「ゾンビ経済」なのだ。すでに死んでいる経済をきちんと死なせる。そのとき、何が起きるのか。

最悪のシナリオは、国有企業と銀行の倒産ラッシュ、大量の失業者の出現、ようやく形成されてきたそこそこ豊かな中間層の消失、人民元の大暴落と消費者物価のハイパーインフレ……。当然日本を含む世界経済も無傷ではいられない。だが本当に恐ろしいのは、突如、人民元が紙くずとなり財産を失った人民の怒りが社会不安を引き起こし、それを政権が力ずくで抑え込もうとするときに発生する流血と混乱の可能性だ。

中南海〝南北戦争〟が勃発

二〇一六年夏、とある中国知識人たちとの会合で、中国経済の話題が出た。そこで、私はかねてから疑問に思っていることを尋ねた。習近平政権下でなぜ経済政策は回復しないのか。リコノミクスと銘打った経済政策はどこにいったのか。すると、苦笑いしながら、中南海の南院（党中央事務所所在地）と北院（国務院事務所所在地）の対立のせいだな、と言った。

首相の李克強が主導するという意味でリコノミクスと呼ばれた経済政策の骨子は、①農村

中国共産党と中国政府の関係図（2016年10月現在）

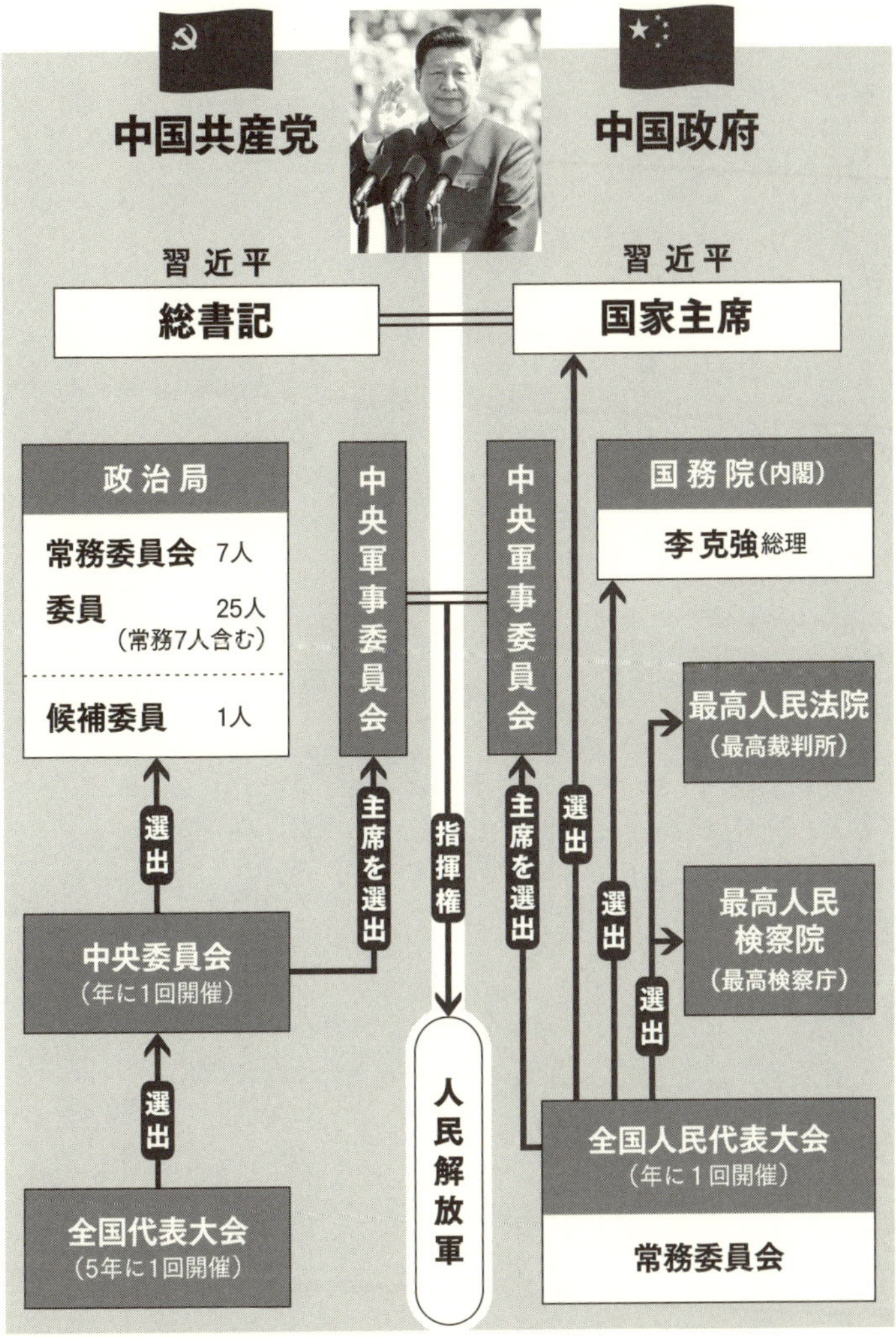

中国の政治運営は共産党と政府機関・国務院の二重構造となっているが、事実上は共産党中央委員会の秋の会議ですべての政策決定を行う。三権は独立せず党の指導下にあり、憲法も党規の下にある。

の都市化、②景気刺激策を使わずに信用抑制、③法治下での市場原理による資源配置、④簡政放権〔小さな政府化→行政の簡素化・権限移譲〕と管理の結合、⑤上海自由貿易試験区、⑥中国製造二〇二五、などがある。二〇一三年秋の三中全会のコミュニケが、その具体的方針を示したとされている。

だが、いつの間にか、この経済政策は雲散霧消《うんさんむしょう》した。その後、シーノミクス、キンペノミクスと訳された習近平経済学が「新常態（ニューノーマル）」「サプライサイドの構造改革」といったスローガンで打ち出された。と思えば、それも揺れている。

その背景は、中南海《ちゅうなんかい》の南院と北院の対立、つまり習近平を中心とする党中央財経指導小組と李克強を中心とする国務院の国家発展改革委員会の対立、足の引っ張り合いがあることは、もはや公然の秘密だ。

中国は従来、首相職が経済政策の責任者として指揮を執る。鄧小平の導入した集団指導制の本質は分業制だ。江沢民は朱鎔基とじつは相当仲が悪く、激しい権力闘争や嫌がらせもしあったが、経済政策については朱鎔基が完全に主導権を握っていた。

朱鎔基はワンマンぶりを発揮して、毀誉褒貶の甚だしかった大胆な朱鎔基改革を推し進めることができた。胡錦濤も経済に関しては温家宝に任せていた。

だが習近平は党中央○○指導小組という党組織の組長をほとんどすべて自分で担う権力集中、独裁化をはかり、経済も例外ではなかった。経済政策の指導を行う党中央財経指導小組〔一九八〇年設立〕の組長はだいたい首相職が担っていた（例外的に一九八九～九八年は総書記の江沢民）。習近平は二度目の例外として自分が党中央財経指導小組組長になり、しかも副組長の李克強を差し置いて、腹心で小組弁公庁主任の劉鶴を重用、リコノミクスの看板はいつの間にか下ろされてしまったわけだ。

李克強は面白いわけがない。また実際に経済政策を実行する国務院の経済官僚もおおむね団派なので、李克強に同情的なこともあり、また習近平の厳しい風紀粛清や汚職取り締まりに警戒心もあって、当然仕事に力が入らない。そういった官僚の不作為のサボタージュが経済の停滞の一因となっているともいわれていた。

強引なGDP目標値に激怒した李克強

この習近平と李克強、つまり南院と北院の経済政策をめぐる対立が表面化したのは二〇一六年三月の全人代（全国人民代表大会）開幕式である。

開幕式では首相が政府活動報告を読み上げるのだが、国内外記者がカメラを回し、全国民がメディアを通じて注目するこの政治イベントのハイライトで、習近平はずっと憮然《ぶぜん》とした表情のままで、政府活動報告を読む李克強に拍手を送ることもなく、読み終えてひな壇に戻ってきた李克強と握手をしてねぎらうこともなかった。

これは異常事態であった。全人代の政府活動報告における拍手と握手は、いわゆる台本に載っている約束事である。それをあえてしないどころか、全人代開催中、二人は目を合わせることもなかった。また政府活動報告を読み上げる李克強の様子も異様であった。目の下にクマをつくり疲労困憊といった様子で、読み間違いが三〇回以上あり、声もときおりかすれた。

後に現地の記者から聞き及んだところでは、この政府活動報告の起草をめぐって、習近平と李克強には激しい対立があったという。

一般に政府活動報告の起草は国務院側、つまり首相のチームが作る。数十人からなるチームで討論を重ねて草案をまとめた後、政治局でも精査され、最終的には総書記がGOサイン

中国共産党創設95周年祝賀大会での習近平と李克強。お互いに目を合わせることがなかった。

を出すわけだが、習近平は少なくとも四回、草案を李克強側につき返したとか。習近平がもっともこだわり、李克強が最後まで抵抗したのは、ＧＤＰ目標七％という数字を盛り込むかどうかであったという。

　この政府活動報告は二〇一五年一二月に行われた中央経済工作会議［中国共産党と政府が毎年一二月頃、合同で開催する経済関連で最高レベルの会議を指す］での決定に沿って書かれるのだが、この中央経済工作会議ではＧＤＰ目標は盛り込まれなかった。前年と同じ七％とするか、前年よりも〇・五ポイント下げた六・五％という数字にするか議論が分かれ、結局、最低ラインを六・五％、目標は七％と幅を持たせることでいちおう一致したが、数字の盛り込みは見送られた。だが、全人代に提出する政府活動報告では具体的数字は必要だ。

中国のGDP成長率の推移

（出所）中国国家統計局

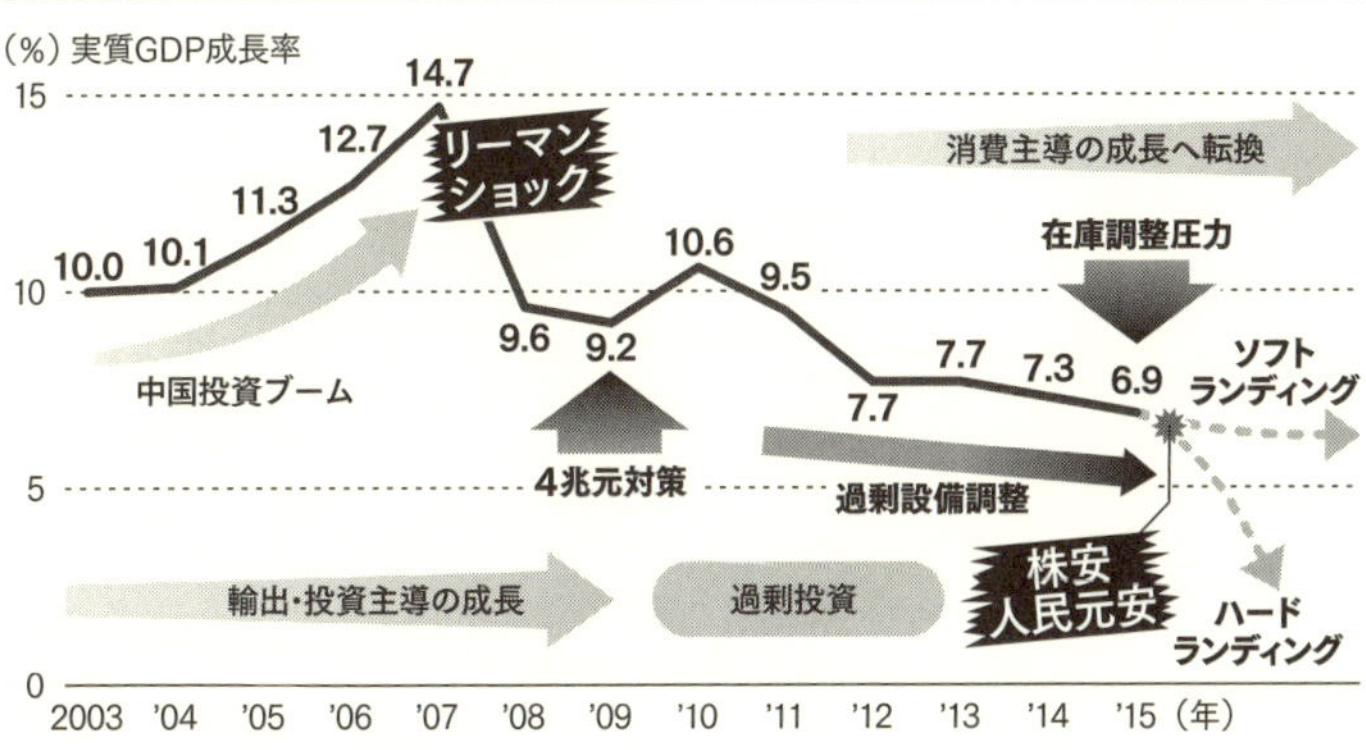

不確かな情報という前提でいえば、習近平は七%という数字を盛り込むように主張、李克強は盛り込むなら最低ラインの六・五%の数字であると言い張り、最後までもめたと聞いている。結局、最後まで意見が一致せず、目標値をレンジで盛り込むという前代未聞の政府活動報告となった。

李克強が怒ったのは、GDP七%成長という誰が見ても現実と乖離《かいり》しすぎている数字を入れるのは、その一年後にその数字が達成できなかった彼の責任が問われることになるからだ。逆に言えば、経済失策の責任を明らかに李克強一人に負わせようとする習近平の意図とみられた。党中央財経指導小組で習近平が組長となり経済政策の看板からリコノミクスを消した習近平だが、うまくいかなくなった責任は首相に負わせようとしている。このことが、もともと大して出世欲がなく、習近平に比較的従順であった李克強の強い怒りを買った、と私は聞いている。

株価乱高下の責任も李克強なのか

もちろん、これは別の見方もある。李克強は、リコノミクスを掲げたものの、財政出動によるGDP押し上げ派（守旧派）の国家発展改革委を抑えて、経済改革を断行できる実力がなかった。そこで、習近平がその実権を取り上げて、信頼する経済ブレーン劉鶴に経済政策を主導させようとした。結果的に、面白くない李克強は発展改革委ら守旧派につく形になった。なので、痛みをこらえて経済改革を進めようとする習近平サイドを、李克強サイドが妨害しようとしている、という。後に述べる二〇一六年五月の人民日報に掲載された権威人士［習近平国家主席の側近とされ、債務拡大を伴う景気テコ入れ策は慎むべきと指摘］の社説は、李克強の妨害に対する批判、という解釈だ。

ただ、二〇一五年中に起きた株価の乱高下の責任は習近平にあった、という点は、まず間違いないだろう。

習近平政権は二〇一四年一月、一四カ月禁じていたIPO（新規株式公開）を再開した。習近平総書記就任の秋、株が暴落したので、これを食い止めるために一時的にIPOを全面停止していたのだが、不動産、債権市場の低迷による景気失速をカバーするために株式市場を活性化する必要があった。同年一一月に、かねてから準備していた香港市場と上海市場の相互取引がスタートした。香港市場を通じて、個人投資家および外国機関投資家を上海市場に誘導するためだった。

そして同月、中国人民銀行は予想外の利下げに踏み切った。これは経済紙などが銀行の利益を五％押し下げると論評していたが、預貯金を株式市場に誘導する意味もあった。利下げは二〇一五年六月までに四度行われた。

だが二〇一五年五月末、株価の急激な高値に、今が売り時と見た一部中国企業が大規模な売りを始めた。これをきっかけに暴落が始まると見た李克強サイド、つまり北院が早期の政府資金投入で暴落を食い止めるべきだと主張したが、習近平はその決定を見送った。それどころか、六月半ば以降は、投資家が不安になるようなルール変更を矢継ぎ早に行った。

この二〇一五年六月中旬から七月にかけての株価乱高下は「股災（株災）」と呼ばれた。証券会社の電光掲示板に映される株価に、茫然自失の表情で立ち尽くす中年男性や、つっぷして泣き崩れる中年女性らの写真が、外国メディアやインターネットの微博にあふれていた。六月一二日に湖南省長沙《ちょうさ》市の商業ビルから一七〇万元の全財産を四倍のレバレッジで市場につっ込んでいた三二歳の男性が飛び降り自殺したと地元紙が伝え、七月九日には五〇〇万元の欠債を抱えた杭州の夫婦が服毒自殺したと報じられた。

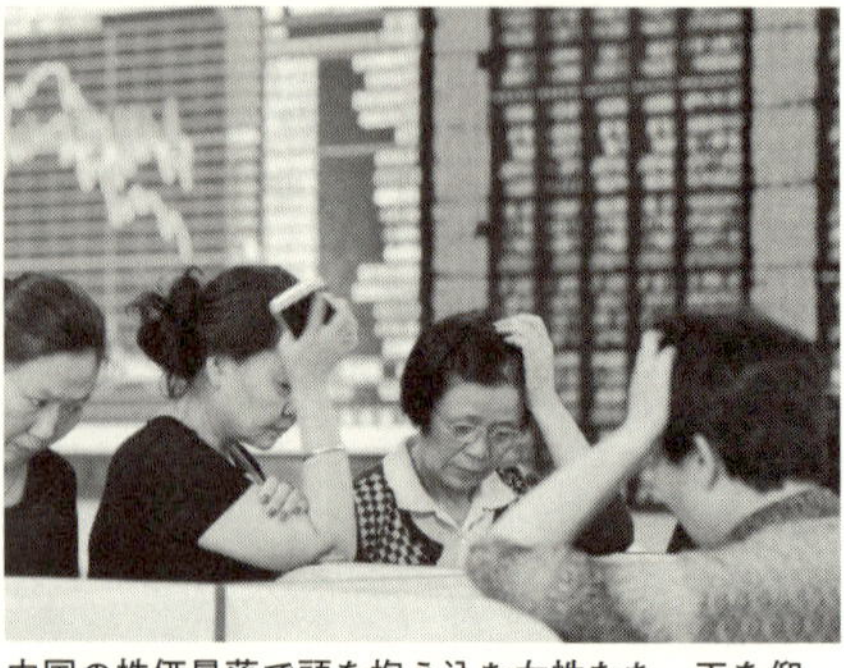

中国の株価暴落で頭を抱え込む女性たち。天を仰ぎ茫然自失で立ち尽くす男性の姿も見られた。

政府は株が原因の自殺報道を規制したが、ネット上で「株で財産を失い自殺」の噂があちこちで流れた。高層マンションのベランダから飛び降りようとしている裸の老人を押しとどめる警官らの写真なども流れた。マンションや商業ビルは自殺予防のために、屋上に通じる扉を封鎖するようになった。

「市場ルールは政府によってレイプされた」

二〇一四年五月から二〇一五年の五月までの間に二・五倍に膨《ふく》れ上がった株価は六月半ばから暴落、四週間足らずで三三%も下げ、約四〇〇兆円近い金が泡と消えた。五月までの株高は習近平政権による誘導の官製バブルであり、景気や企業の業績とは無関係。中国の「股民（株民）」と呼ばれる人たちは、官製株高誘導に完全に踊らされ、二〇一五年六月末の段階で口座数は二億七三〇〇万を超えた。

共産党員を上回る九〇〇〇万人以上が、この官製バブルの狂乱に参加した。

しかも場外配資と呼ばれるオンライン金融会社や信託会社を使う形で、実質三～一〇倍の高レバレッジのグレーゾーン信用取引にはまっている人が多数であった。

五月二八日の株価暴落は、中国国有投資会社・中央匯金が二〇〇八年以来保持していた四大銀行株を三五億元分売ったことが一つのきっかけといわれている。この中央匯金は中国投資有限公司（中投）の傘下企業であるが、中投は江沢民ファミリーと非常に密接な関係があるといわれている。後に、この「株災」の原因が〝上海閥の陰謀〟あるいは〝習近平VS上海閥〟の権力闘争といわれる根拠の一つになった。

五月末の暴落はいったん持ち直し、六月一二日、上海総合指数で五一六六となった。このとき、証券監督管理委員会（証監会）は、これ以上の株バブルを食い止めるために新たな場外配資による投資を禁止し、証券会社に場外配資による高レバレッジ投機を整理するよう通達した。この通達が引き金となって、六月一五日の週から急落、一九日に六・四二％の暴落となった。

二一日は中国の旧暦の端午節で市場は休み、月曜からの相場は若干反発するも、二六日には七・四％暴落。株民たちはパニックを来しはじめた。これを受けて中国人民銀行はその週末に利下げを発表するも二九日の月曜は一〇・〇七％の暴落、上海・深圳を合わせて一五〇〇銘柄が下げ止まりとなった。

この段階になって習近平は狼狽《ろうばい》し、政府資金の介入によってこれを食い止めることを命じたが、時すでに遅し、である。結局、政府は大手証券会社二一社に総額一二〇〇億元の資金を上場投資信託を通じて市場に投入させたり、大量保有株主に半年間の売りを禁じたり、「悪意ある空売り」を公安当局が捜査すると告知したりして、金融市場の自由化の真逆をいく強硬手段を講じて、ようやく七月九日になんとか株暴落にいったんの歯止めをかけた。この政府の市場コントロールの手法については、インターネット上の微信や微博には、こんな言葉が流れた。「市場ルールは政府によってレイプされた」

「習近平VS江沢民・曾慶紅」の権力闘争

ネット上ではその後、この株の乱高下は、「習近平VS江沢民・曾慶紅」の権力闘争によって引き起こされた、という説がまことしやかに流れている。

微博では、七月二日ごろ、「今の株暴落は誰が引き起こしたか？　江沢民と曾慶紅が空売りしているんだ。これは政治の挑発なんだ。習近平は手を尽くしているはずだ」「だが彼らは数兆元を使って市場を操作しているんだ。習近平は勝てるのか？」といったやり取りがあちこちで見られた。

在米華人学者の何清漣《かせいれん》〔一九五六～／中国経済社会学者。反中共の闘志。二〇〇一年六月、公安当局の監視を逃れるため米国に渡った〕がボイス・オブ・アメリカ〔アメリカ合衆国政府が運営する国営放送。国際的な放送でよく知られている〕の取材に答えて「中国市場には権貴ファミリー（劉雲山や李長春《りちょうしゅん》〔一九四四～／元中国共産党中央精神文明建設指導委員会主任として思想を主管する〕や温家宝のような）が掌握するプライベートエクイティがあり、数百億元の資金を動かしている。この影響が大きい」と指摘するように、じつは共産党中央からインサイダー情報をいち早く手に入れ、市場を操り、必ず勝ち逃げできる投資家たちがいる。すぐさま権力闘争に結びつけるには根拠が希薄だが、江沢民・曾慶紅ファミリーの多くが巨額の資金でこの「鉄火場」に参加していることは確かだった。

李長春

株式市場乱高下が習近平の強引な株高誘導によるバブル化が主要な原因であったことは誰の目にも明らかだったが、習近平はこの失態を、江沢民派の投資家らの悪意ある空売りとして権力闘争に逆利用。さらに北院・国務院サイドの責任として、李克強にその責任を負わせようとした。

結局、二〇一六年二月、中国証券監督管理委員会（CSRC）〔一九九二年設立の機関。中国の証券市場の研究、管理などを行なう中国国務院直属の機関〕主席の蕭鋼《しょうこう》〔一九五八～／肖鋼の名でも知られる銀行家〕がこの問題の責任をとる形で辞任。この辞任は李克強の負うべき責任を代わりに負った、と一部では同情的に報じられたが、経験は豊富だが元江沢民派とみられて立場の弱かった蕭鋼は、習近平の指示に反論することはできないイエスマンであったともいわれている。

新しく主席となった劉士余《りゅうしよ》〔一九六一～〕は習近平が抜擢した、いわゆるライン外の人物。習近平サイドは、この株式市場の混乱の責任の一端があるにもかかわらず、この問題を証券界の腐敗と関連づけて、二〇一五年秋ごろからCSRCを含む証券界の汚職摘発強化に利用している。劉士余の抜擢は、証券市場の自由化や信用の取り戻しといった本来の業務よりも、むしろ証券界汚職摘発強化を目的とした人事ではないかという見方もある。

人民日報社説の〝李克強たたき〟

こうした経済失策の責任問題で、もともと習近平と李克強の間にあった対立はいっそう先鋭化し、二〇一六年五月にはピークを迎えた。その一つの証左が二〇一六年五月九日の人民日報1面に掲載された〝権威人士〟記事の問題だろう。

五月九日付人民日報で、〝権威人士〟を名乗る匿名の幹部がインタビュー記事「第1四半期後の経済の大勢を問う」は、明らかに李克強の経済政策を批判していた。

劉士余

この論評は今後の中国経済について「相対的に予想どおりであり、一部予想よりも少し良い部分もあるが、新たな問題が出てくることも予想され、簡単に出だし順調だとか、春の兆し、といった安易なことを言わないほうがいい」「V字形の回復はもとよりU字形に回復する可能性もなく、L字形の流れをたどる。L字形は一、二年で終わるものではない」と断言し、「金融緩和で経済成長の加速を促し、負債比率を下げるという幻想を完全に捨て去る必要がある」と、現在行われている経済政策を批判していた。

成長目標を背負わされた李克強は四月八日、シュタインマイヤー独外相と会談したさいに「第1四半期の経済指標は一段の改善を示唆した」と発言していたが、この権威人士は、明らかに李克強の姿勢を否定している。

さらに、マクロ経済については「供給サイドの主要矛盾解消、供給サイドの構造改革が必須。投資の拡大をやり過ぎず、適度にし、まな板から包丁が飛び出るようなことであってはならない」「天まで届くほど伸びる枝はない。高レバレッジは必ずハイリスクを伴う。システマティックな金融危機をうまくコントロールできなければ、数字の上で経済成長を導くことができても、国民の貯蓄を台無しにしてしまう」と語っている。

習近平政権の経済ブレーンは誰なのか

この権威人士は誰なのかというと、習主席の経済ブレーンである劉鶴《りゅうかく》・中央財経指導小組弁公室主任というのが定説である。人民日報に掲載された「権威人士」のインタビュー記事は二〇一五年五月二五日の「権威人士がわが国の経済情勢を分析」、二〇一六年一月四日付「供給サイドの構造改革が新常態をけん引」に続いてこの五月九日付記事が三回目だが、内容を見るに同一人物とされ、しかも党序列二位の李克強の記事よりも扱いが良い点などから、李克強より序列上位の習近平に属する人間ということになる。とすると習近平の経済ブレーン、劉鶴しかいない。

ウォールストリートジャーナル（七月二二日付）によれば、習近平は中国で一月から三月までに四兆六〇〇〇億元（約六九七〇億ドル）もの銀行融資が行われたことに当惑し、債務削減と生産過剰を抑えるという「サプライサイドの構造計画」というシーノミクスの柱が阻害されると考え、李克強をけん制する目的で、この記事を掲載させたという。

劉鶴

たしかに、経済成長の目標数値を負わされ、経済失策の責任を負わされそうになっている李克強は、とにかく数字だけでも回復基調を見せなければならず、二〇一三年政権発足当時に掲げていたリコノミクスの骨子の一つであった「経済刺激策に頼らず信用抑制をはかる」といった目標を崩して、大型財政出動を行い、規制緩和によりインフラ、不動産バブルを認める形で数値改善を誘導した。

この論評発表から三日後の五月一一日、国家発展改革委員会と交通運輸部、つまり北院サイドがこの権威人士の論評に真っ向から歯向かうような「交通インフラ設備重要プロジェクト建設三年行動計画」に四・七兆元を投入する景気刺激策を発表した。

リコノミクスはもともと、劉鶴が主にまとめたといわれる三中全会コミュニケの経済政策部分とさして大きな違いはない。劉鶴はハーバードで学んだ国際派であり、ロバート・ゼーリック〔一九五三〜／第一一代世界銀行総裁。アメリカ合衆国元通商代表〕と劉鶴が共同で打ち出した「中国二〇三〇」も市場経済への完全移行や、政府の役割を見直して、制度や法令をより重視すること、土地改革や戸籍管理制度改革、財政制度改革など政治改革にあたる部分まで踏み込んでいる。

李克強も劉鶴も自由主義経済学派であり、法治主義であり、政治改革に踏み込むことの必要性を認めている。二人が十分に協議し、方針を固めて協力しあう余地はあるだろう。だが、そうならないで、本来向かうべき経済政策の方向から、権力闘争に影響される形で、どんどんずれていった。

シーノミクスとは「トップダウンの国家資本主義」

習近平の経済ブレーン劉鶴と李克強の間に一番大きな違いがあるとすれば、劉鶴は共産党の支配政党としてのより強力な役割を経済政策の中で認めている点だ。

単純にいえば、李克強のリコノミクスは本来〝市場と民営経済〟派であるが、習近平のシーノミクスは〝党治・指令型国有化経済派〟であり、トップダウンの指示で行う国家資本主義を目指し、さらに一帯一路構想などで、その国家資本主義経済圏を周辺国に拡大する輸出型国家資本主義経済圏の確立を目指している、という。少なくとも、私は中国のメディア関係者からそう解説を受けている。

この権威人士論評発表と同じ日に、李克強は「行政簡素化・権限委譲、規制緩和と管理の結合、サービス最適化」という改革推進を訴えたが、これは明らかに習近平の方向性と対立する。

二人の経済路線の違いは国有企業改革でもっともはっきりとした。七月四日、習近平は国有企業について党治党営を強調するよう国務院サイドに文書で通知した。同じ日、李克強は国有企業をスリムダウンし、その再編は市場ルールに従う必要性を強調した。

習近平の指示は「党は党を管理し、党を厳格に治め、国有企業に対する指導と改善を強化し、党組織の政治的核心作用を十分に発揮せねばならない」「各級の党委員会は国有企業をうまくコントロールして壮大な国有経済の重大責任を負うべし」。

一方、李克強の指示は「企業は企業家によって管理させるべきだ」「国有企業改革を推進し、現代企業システムと完全なる法人統治のメカニズムの建設を推進すべきだ」「企業家精神を高揚させよ」というものだった。

この二つの異なるメッセージを同時に受けた国務院国有資産監督管理委員会ら幹部現場は混乱し途方に暮れ、結局は「なにもしない」というサボタージュに流れてしまったという。

国有ゾンビ企業が中国経済迷走の元凶

目下、実質倒産の死に体でありながら、国有銀行の甘い融資や国家の補助金などで存続しているゾンビ企業である中国国有企業が経済を疲弊させている大きな原因となっている。

鄧小平の改革路線をそのまま踏襲《とうしゅう》するならば、国有企業を民営化によって淘汰《とうた》し、最終的には所有制改革という政治改革に踏み込まざるを得ない。だが習近平の主張はそれと真逆の〝壮大なる国有経済の発展〟を呼びかけているわけだ。

七月下旬に国内で最初のゾンビ企業研究に関する報告書（中国人民大学国家発展戦略研究院）が発表されたが、それによると二〇一三年の段階で中国工業企業八〇万社中、ゾンビ企業の割合は七・五一％を占める。二〇〇〇年のころはゾンビ企業の割合は三割を超えていたことを思えば、かなり改善されたとはいえ、まだまだこうした企業は多い。

ちなみに上場企業全体における業種別でいえば、鉄鋼企業の五一・四三％、不動産企業の四四・五三％、建築装飾材企業三一・七六％が高ゾンビ率のトップ3業界だ。

この報告書では、ゾンビ企業問題解決のポイントとして銀行のゾンビ企業に対する野放図な融資をなんとかするべし、と提言しているが、この銀行の野放図な融資の最大の原因は、銀行の人事権を党委員会が牛耳っている点であり、企業も党委員会が仕切っているという意味で、銀行、企業、地元政府が党組織を通じて身内の関係にある点である。

本当の処方箋は企業と党組織の分離を進め、民営化と市場ルールによる淘汰のはずだが、習近平サイドの方針は党の主導権をさらに強くし、M&Aによる企業統合によって産業の強靱化を進めようとしているわけだ。ゾンビ企業の整理にどちらが効果があるかはまだ不明だが、二つの矛盾する方針の間で現場がサボタージュに流れているというのが現状とすれば、問題解決は程遠いだろう。

中国経済回復の見込みは一切なし

もう一つ習近平サイドが難癖をつけたのは、李克強が三月に指示を表明した「債務の株式化」（DES）だ。たしかにDESをゾンビ企業に適用すれば、問題が悪化する可能性は大きく、この点は習近平サイドが正しく、六月の段階でDES政策はゾンビ企業を対象としない方針が決まっただけでなく、DES政策自体が立ち消えになりそうな様子だ。

経済政策においては、ある程度方針を決定したなら、それをしばらくやり続けなければ効果は見えてこない。だが、今の中国のように権力闘争の道具にされてしまうと、効果の出る前に政策が変更され、現場のやる気も失われる。

李克強に同情的な周辺の人々に聞くと、「李克強としては上層部が設定した成長目標を達成しなければならないという厳しい条件が付けられている。その点、習近平は経済成長目標の達成は首相の責任にして、改革を主張できる。習近平式改革を進めれば、間違いなく経済はハードランディングを回避できない。だが、それを乗り越えると、習近平が主要国有企業を掌握した強い開発独裁体制ができるかもしれない」

カリフォルニア大サンディエゴ校の中国経済問題の専門家バリー・ノートンがウォールストリートジャーナルにこう語っていた。「李克強は能力を発揮できない境地に追いやられている。経済政策はすでに習近平が主導しており、李克強の指揮を離れている。李克強はきっと非常な不満を抱えているだろう」

さらに中国市場研究機関ガベカル・ドラゴノミクスの創始者、アーサー・クローバーは「政策の不確定性が大きなリスク。どの改革も停滞が起きている」。

つまるところ、習近平政権の間は、中国経済が回復する見込みは一切ないということなのだ。

リコノミクスの失策とされたゴーストタウン問題

私の周囲は共青団派に比較的同情的な人が多く、習近平政権の指導力に批判的な論調となるのだが、リコノミクスに重大な失策があったというのも確かである。それはゴーストタウン問題だ。これは、リーマンショック対策として中国政府が四兆元の大型財政出動を打ち出したあと、それが農村の都市化政策の名のもとに地方でやみくもに都市再開発が行われた結果、登場した。

実際のところ、中国で最初に巨大ゴーストタウンとして国内外メディアに取り上げられた内モンゴル自治区オルドス市カンバシ新区の開発は二〇〇三年に始まり、天津市の財政を事実上破綻させた、と党中央政治局でも議論になった天津市浜海新区開発は二〇〇六年からゴーサインが出て野放図な資金投入が始まっており、かなり前から問題の芽はあった。しかし、それがリーマンショック後の景気刺激策との相乗効果で加速し、二〇一一年ごろから一気に表面化してきた。

習近平政権発足当初、リコノミクスが打ち出した農村の「城鎮化《じょうちん》」、つまり農村都市化政策に対して、地方の官僚たちは誤ったメッセージを受け取った。農村の都市開発に関しては中央が積極的である、と考え、地方の野放図な都市開発にブレーキをかけなかった。

結果、二〇一六年五月末までに提出された地方の新規都市開発計画三五〇〇件が全部実現すれば、三四億人が居住できる小都市が全国各地にできる、という異常事態になった。習近平政権の経済政策の看板からリコノミクスが下ろされ、習近平から李克強が経済政策の失敗の責任を負わされそうになっているのは、この「城鎮化」のゴーストタウン問題も大きいとみられている。

李克強の「城鎮化」政策は、産業の移転、雇用の創出と交通インフラなどとセットにした農村の小都市化による農民の収入・生活レベルの向上といった、もっと有機的な小都市計画のイメージだったが、それが地方の腐敗官僚の仕事になると、農村にいきなり巨大ショッピングモールを建設したり、豪華なマンションやホワイトハウスのような役所を造るために、身内の銀行から莫大な融資を引っ張ってくるような、利権の温床のような都市計画になってしまったわけだ。

「中国未来のマンハッタン」天津はいま……

私も中国のゴーストタウンを実際に何カ所か歩き、取材したことがある。

二〇一四年五月中旬に天津市のゴーストタウンを訪れた。天津は首都北京に一番近い直轄市であり、ちょうど東京と横浜みたいな関係にたとえられる副都心である。そのような立地の良いところに、「中国未来のマンハッタン」を目指して鳴り物入りで開発されていたはずの響螺湾ビジネス区の工事はすでに軒並み停止していた。

響螺湾ビジネス区に行くと、荒涼《こうりょう》と静まり返った建築現場だった。人の気配はなく、だだっ広い道路は車が片手で数えられるほどしか通っていない。外見の建設が終わっているビルも、内装は未完成のまま。動いている建築現場はないかと、タクシーに乗って走り回ったが、行けども行けども、ゴーストタウン。

ようやく見つけた現場作業員風の人に尋ねると、「給料もらえないのに、作業するやつはいない。ここらあたり、もう二年くらい止まっているよ」と言い捨てた。首都北京から高速鉄道で一時間以内、渤海湾《ぼっかいわん》に面した最高の立地にあり、温家宝前首相の故郷で、副首相、党中央政治局常務委という指導グループの一人である張高麗《ちょうこうらい》〔一九四六～／国務院常務副総理〕がつい一年前まで市党委書記として開発の音頭をとっていた。絶対こけない開発プロジェクト、とまでいわれた天津市浜海新区でゴーストタウンが出現していた。

天津のゴーストタウン問題が中国メディアの注目を集めるようになったのは、TEDA（天津経済技術開発区）投資信託公司の前会長で、天津市政治協商委員の劉恵文《りゅうけいぶん》〔一九五四～二〇一四〕が同年四月一九日に自宅で自殺した事件がきっかけだ。浜海新区開発の旗振り役であり、天津金融界の大ボス的存在の官僚だ。正式に自殺とは報道されていないが、長らくうつ病だったと伝えられていた。詳報がないものだから、新区開発の失敗、あるいは汚職の責任問題で追い詰められていたのではないかという憶測が流れ

アジア最大の別荘プロジェクトと謳った「天津別荘地計画」が破綻し、まるで廃墟のような状態に。

た。

劉恵文自殺事件に続いて、四月二一日、「天津投資詐欺事件」が明るみになった。全国各地、三〇〇〇人の被害者が天津市の陳情局に詰めかけ、この騒動が微博などに流れたのだ。これは天津市が二〇〇七年から税制優遇措置とセットにして呼びかけた新区開発への個人投資募集で二〇一一年までに四四〇九・五一億元を集めていた。

五月三一日には天津市で二〇年にわたってとられてきた「青色戸籍制度」が打ち切りになった。青色戸籍制度とは高級マンション購入など相応の投資を行うことで天津市の都市戸籍が取得でき、地元の進学校などに優先的に進学できたり、大学進学が優遇されたりする権利も付与されるという政策だ。この制度があるからこそ、天津市の高級別荘・住宅開発は、必ず成功するといわれていた。

だが、その皮算用が甘く、需要を上回る開発を行った末、武清区を含む七つの別荘・高級住宅開発区も大幅な売れ残りを抱えて、ゴーストタウン化していた。

天津大爆発事件の真相とは

ちなみに、このゴーストタウン問題が中国メディアで大きく取り上げられたほぼ一年後の二〇一五年八月一二日深夜、天津で謎の大爆発が起きる。その様子を多くの市民が目撃し、スマートフォンで撮影し、次々とネットにアップした。

白いキノコ雲が盛り上がり空を焦がす火柱が立ち上った。次の瞬間、マンションから窓ガラスが爆風で割れる衝撃、悲鳴や狼狽の生々しい声までがスマートフォンを構えていた撮影者によって記録されている。時刻を追うごとに事態の深刻さは増し、翌日には路上に転がる遺体や血まみれになってうごめく負傷者の姿が次々とネットにアップされた。

爆心地から三キロメートル離れたビルやマンションの壁にも穴が開き、窓ガラスが割れていた。爆発の威力は一回目がTNT火薬に換算して三トン、次に二一トン級。爆心地には直径一〇〇メートルのすり鉢状の穴が開いた。死者は一六五人、不明者八人、負傷者は約八〇〇人と発表されているが、多くの人が犠牲者の数がその程度で済んだわけがないと考えるほどの大爆発だった。

爆発現場の倉庫にはシアン化ナトリウム七〇〇トン、硝酸アンモニウム八〇〇トン、硝酸ナトリウム五〇〇トンといった危険な化学薬物が三〇〇〇トン以上も違法に保管されていた。

直径100メートルものすり鉢状に陥没した、すさまじい爆心地の様子。周辺には猛毒ガスが蔓延した。

また中国の法律では、危険物倉庫の周辺一キロメートルに、公共インフラ施設や居民区があってはならないという規定があるが、この爆心地から五〇〇メートルほどのところに高速道路の高架があり、六〇〇メートルのところにモノレール駅があり、八〇〇メートルほどのところに大手デベロッパー万科集団の高級マンション群が二つもあった。周囲三キロメートル以内に居民区は一五以上あった。

この事件は厳しい報道統制のもと、原因究明はうやむやにされた。倉庫責任者や下っ端役人が処分を受けて、沈静化させられた。当時天津市のトップ、黄興国書記代理が汚職で失脚するのは二〇一六年九月になってからだった。

爆発場所がゴーストタウン問題で党中央でも大問題になった場所に近いところであったことや、北戴河会議と呼ばれる党中央幹部たちが非公式会議に参加するために利用する主要高速道路の近くでの大爆発であったことから、その時間にここを通る予定だった要人の暗殺説や権力闘争陰謀説が飛び交った。

なぜこんな杜撰な都市開発が放置されてきたのか

北京の都市機能を河北省と並んで分散させる副都心として開発を優先され、特別に青色戸籍政策などもとられてきた天津が、ゴーストタウンだらけとなり、財政破綻問題も隠しようがなくなったのであれば、他の地方の都市開発がいかに困難なのかも想像つくだろう。

こうした杜撰《ずさん》な都市開発計画にゴーサインが出される背景は何なのか。

突き詰めて言えば、自分の出世を中央政府や上級政府に向けてアピールすることだけを考えた官僚政治家たちの浅知恵と汚職体質が、冷徹で客観的なプロフェッショナルの分析や調査よりも優先されて、開発計画や投資規模を決定したことにある。その計画が失敗と判明するころには、計画にゴーサインを出した官僚政治家たちは出世して別の土地で要職に就いている。

銀行の人事も関連企業の人事もそんな地元政府の官僚政治家が握っているとなると、たとえそれが野放図な開発計画であっても銀行も異論を唱えることはない。彼らも最終的には中央政府や上級政府が尻拭いしてくれると考えているのだ。

つまり中国の今の経済上の矛盾というのは、たいてい政治の問題に帰結する。必要な経済改革とは経済、とくに金融システムを党政治と切り離すことであり、それは政治改革なしには行えない。

結局のところ、こうした経済政策の失敗は、リコノミクス、あるいは鎮城化政策が間違いであったというような形で権力闘争に利用されるだけで、問題の本質をどう解決するかというところまで誰も踏み込まないのである。

恐るべき中国債務リスクの増大

このように各地でゴーストタウン問題が表面化しているにもかかわらず、不動産バブルに歯止めがかかっていない。北京、上海、深圳などの一級都市の不動産価格は年初から急上昇し不動産バブル再燃と騒がれた。ちなみに二〇一六年上期のGDP成長率は六・七％とデータ上は横ばい状態だが、たとえば深圳の平均不動産価格は二〇一六年三月末までの一年の間に六二・五％上昇。これは世界の主要都市一五〇の中でトップだった。二位は上海で三〇・五％上昇、四位は南京で一七・八％増、五位は北京の一七・六％増というトップ5位のうちの四都市が中国で占められた。

この背景を簡単に説明すれば、一つにはゴーストタウン問題で在庫のうなる不動産を市場に流通させるために政府が不動産市場振興政策をとったからである。

規制緩和を行い各銀行に不動産購入者へのローン優遇ノルマを与え、一部地域では頭金ゼロ政策などもとった。不動産バブルに歯止めをかけるという名目で新規の不動産建設への融資は厳しくなっている一方、不動産購入者への融資は奨励されており、この結果、どういうことが起きるかというと、こういう例もあるらしい。投機者と銀行、デベロッパーが共謀して、実際の不動産価値に見合わない高値を付けて、投機者は実際の価格に見合わない不動産を担保に融資を受けて、その融資された金のうちから、デベロッパーからキックバックをもらう。融資は最初から返済するつもりがなく、銀行側は、それをわかったうえで、融資し、担保となった不動産を差し押さえる、ということになる。

こういったからくりから、二束三文の不動産まで法外な価格で取引される状況が起きている一面もある。この結果起きるのは、銀行の不良債権の増大である。

銀行の異常すぎる不良債権の額とは

銀行の不良債権問題は、二〇一六年に入っていよいよ深刻になっている。銀行業監督管理委員会（銀監会）が二〇一六年七月七日に発表したところでは、五月末の段階で中国の大手銀行業の不良債権は二兆元を超えており、二〇一六年初頭から一四%上昇している。不良債権比率は五月末で二・一五%、年初から〇・一六ポイント増だ。ちなみに、日本のバブル崩壊後の一九九九年三月末の銀行不良債権比率は六・一%だった。

この数字をどのように捉えるかは、人によって違うだろうが、銀監会の会見では、国有重点金融機構監事会主席の于学軍〔一九五八～〕が「中国の銀行は二〇〇四年以来の最悪の水準の不良債権問題に直面しており、これは短期的には改善できない。不良債権比率はこれからも上昇し、資産バブル、とくに地方政府が関わるリスクを誘発するだろう」とコメントしている。

じつのところ、多くのアナリストが中国の銀行の不良債権比率は公表されている数字の九倍前後と見ている。ＣＬＳＡ〔一九八六年に香港で設立された証券会社〕中国・香港戦略主管の鄭名凱が五月に出したリポートによれば、中国の商業銀行の不良債権率は一五～一九％と分析され、二〇二〇年までに二〇～二五％に上昇すると予測されている。

中国の債務リスクについては今年になって国内メディアでも相次いで警告されている。二〇一六年七月二七日の段階で同年の地方債務発行額はすでに三・七七兆元に達している。二〇一五年の債務発行額が三・八兆元だったので二倍に近い債務拡大スピードだ。このうち新規債券は二五・五六％。またいわゆる〝置換債券〟は二・八兆元と七割以上を占めている。

二〇一五年末の段階で地方政府の債務残高は一六兆元であったが、このほか「隠れ債務」と呼ばれる、地方政府の第三セクター的な「融資プラットフォーム」企業が背負っている債務があり、これが二〇一六年に満期を迎える分だけでも五兆元ある。

この隠れ債務を地方債に置き換える置換債券の発行が二〇一五年から解禁された。相対的に信用力が高い地方政府が債券を肩代わりするという点で、利息が軽減され、そして完済期間が繰り延べになる点からデフォルト回避のための政策であるが、結果的には民間セクターの債務が地方に組み入れられるので、地方債務残高は悪化し、都市開発の失敗やインフラ投資の失敗が政府財政破綻につながるケースも出てくると懸念されている。

企業債務の拡大とシャドーバンキングリスク

企業債務の拡大はさらに深刻だ。IMFのナンバー2、リプトン筆頭副専務理事が二〇一六年六月に、中国は企業債務の拡大に早急に対応するよう警告している。このとき指摘された数字は、中国の企業債務（民間非金融）はGDP比一四五%という試算であり、「これはどの基準で見ても非常に高い」と訴えた。

ロイタージャパンが配信した国際決済銀行（BIS）のデータを見れば、二〇一五年六月の段階で、中国の企業債務残高（民間非金融）はGDP比二〇一%。日本のバブルがはじけたころの水準を超えている。

もう一つの懸念は、シャドーバンキングリスク、銀行の簿外業務の増大だ。ゴーストタウンや不動産バブルの問題が表面化してきたことで、不動産価格抑制を目的に金融引き締め政策に転じた二〇一一年ごろから、地方政府の都市開発などにシャドーバンキングが入りはじめた。地方政府傘下の投資会社が銀行窓口で銀行に対する信用を利用して一〇%を超える高利回りの理財商品を富裕層に売りつけ資金を調達する仕組みだ。

だが、経済が急下降するなか、都市開発で一〇%もの利子を払えるような利益を生めるわけもなく、そもそも都市開発自体が頓挫するケースも起きる。二〇一四年ごろから、利息・元金を償還できない事態が次々と起こり、「シャドーバンキング」問題として国内外で大きく報じられ、当局も管理・指導強化をしていくことを約束していた。

しかし、この問題は、その後、大きく改善されることもなく、二〇一五年の「理財商品」投資額は五七%増の二三兆五〇〇〇億元に上った(中国政府証券預託信託清算会社調べ)。これは、中国の銀行預金総額の一七%にも上る。しかもその理財商品で調達された資金の三八%は不動産関連事業、一〇%が石油精製、鉄鋼業などの重工業に向けられている。

つまりゴーストタウンとゾンビ企業の温床となっているわけだ。理財商品への投資者は、六割が個人。銀行預金よりずっと良い利子に惹かれて、預金する感覚で退職金を全額つっ込んだりもする。だが毎週約三五〇〇本も出る新規理財商品の七五%は元金が保証されていない。投資家は「剛性兌付」の暗黙ルールが存在すると信じている。当局はデフォルトによる市場パニックを避けるために必ず元金保障に動くという慣例である。しかし、この慣例をずっと守っていくことには無理があり、そろそろ剛性兌付神話は崩れるとみられている。

こうした状況から、いよいよ中国もバブルが崩壊する、との観測を多くの人が持っている。もちろん、完全な市場経済における債務問題と違い、中国の場合、国家の介在によって債務危機を先送りにすることもできる。ゾンビ企業を淘汰せず、ゴーストタウンをあちこちに造りながらも、債務企業も銀行も政府も党組織を通じて身内同然なものだから、銀行に融資を返済せずとも、企業は潰されることがなく、銀行も潰されることがなく、地方財政が事実上破綻していても、党中央がなんとかしてくれるので、破綻していないことにして、処理を先延ばしにできる。

しかしながら、破綻させなければ、破綻処理もできず、そんなことを続けていれば、永遠に経済の回復は望めないし、債務の拡大にも歯止めがかからない。なにより、中国経済と人民元に対する信用が暴落するのである。

ＡＩＩＢと一帯一路構想の行き詰まり

シーノミクス、習近平の経済政策の柱には、国家資本輸出主義と呼ばれる経済の対外拡大政策がある。その柱になるのが一帯一路構想であり、その構想を支えるためにＡＩＩＢ（アジアインフラ投資銀行）やシルクロード基金を設立したのである。

二〇一五年春の段階で、日本がこのＡＩＩＢに加盟するかしないかで、ずいぶん揺れたことを覚えている方も多いだろう。なにせ英国が米国の反対を押し切って加盟を表明した後、ＥＵ主要国を含む四〇カ国以上が次々と加盟したのだから。

結果的に日本がＡＩＩＢに入らなかったことは、好判断であった。なぜなら今の時点で見てＡＩＩＢもシルクロード基金も一帯一路も失敗であったという見方が中国国内ですら広がっているからだ。

中国の外交経済戦略構想「一帯一路」とは、北京から北西部を通りカザフスタン、ウズベキスタン、イラン、ギリシャ、トルコ経由でロシアやヨーロッパにまでつながるシルクロード経済帯と、南シナ海からインド洋を抜けてケニア、アフリカ大陸に至る海洋ルートの現代版シルクロードをめぐる沿線国との経済共同体構想である。二〇一三年九月と一〇月に習近平が中央アジアおよび東南アジアを訪問した際に提案した。

目的は、国内の生産過剰、外為資産過剰をこの地域のインフラ建設に充てることで解消し、同時に資源輸送ルートの安全確保をはかる意味が大きい。また沿海部に集中する工業・インフラ製造業が「外部の敵」に攻撃された場合も、内陸部に核心施設を移転しておけば安心、という発想もある。

習近平のスローガンでもある「中国の夢」つまり「中華民族の偉大なる復興」を実現するための地政学的戦略構想であり、中央アジアからヨーロッパ、東南アジアから南シナ海、インド洋、アフリカに至る一帯を中国の影響力下に置き、将来的に米国に対抗できる、あるいはしのぐ大国の夢を実現するための重要な布石である。

この一帯一路構想を実現するため中国版マーシャルプランと欧米メディアから呼ばれたシルクロード基金が創られたが、それだけではとうてい足りるわけもないので、欧州勢も参加するAIIBがシルクロード基金に融資し、シルクロード基金が直接投資を行う窓口となる。AIIBとシルクロード基金については人民元決済が優先される計画で、これにより人民元の国際通貨への道も切り開く狙いだった。

まずは民生重視を建前に交通インフラ、港湾整備などを打ち出しているが、高速鉄道・道路・鉄道や港湾整備は中国にとっての軍事利用目的もあり、原発輸出も安全保障上の意義がある。

そう考えると、この構想は純粋に経済学的なものではなく、地政学的外交的意義も大きい。基本的には中国国内で過剰生産に悩む基礎インフラ企業の海外進出を後押しするものであるし、利益よりも政治的意義を優先させるものである。資源輸送ルートの確保や軍事的要衝《ようしょう》における米国の影響力を排除して中国の影響力を強める目的、人民元の国際化などを優先させる目的がある。あるいは金融版中国冊封《さくほう》体制〔中国皇帝を頂点とし周辺諸国の支配者との間に君臣関係を結ばせた国際秩序〕構築の第一歩ともいえる。

そして、この構想とも多少リンクしているのが、人民元のSDR（特別引出権）入りである。

人民元の暴落はもうすぐそこだ

習近平が自分が政権トップの座にある間に人民元をSDRに加盟させることは、人民元の国際通貨への第一歩であり、大きな目標であった。このため、習近平は人民元高をずっと誘導し、二〇一五年一一月、IMFは人民元のSDR入りを認め、二〇一六年に人民元はSDR入りを果たす。

中国の予想では、この人民元SDR加入後、人民元決済や元建て債券発行が急速に広がり、AIIBの資金調達も順調となり、中国は各国への投資を人民元で行い、人民元経済圏を拡大していき、やがて米国のドル基軸に挑戦する覇権通貨となる。

だが人民元のSDR入りはリスクもある。人民元の変動為替相場制への移行の圧力となり、中国の金融市場の完全なる自由化時代をもたらす。ドルにペッグされ、実際の経済実力に比して元高に誘導されていた人民元は自由化が進むにつれて下落し、人民元資産の流出が加速し、中国経済の空洞化が進むだろう。

中国政府は、さらに大量の人民元を刷るだろうが、それがさらに元安を誘発し、人民元価値は地に落ち、ドル建てや香港建ての債務を抱えている中国企業はいよいよ追い込まれるかもしれない。

こうした、二つの人民元に対する可能性とリスクの間で、やはり政策のブレがある。まず人民元安の容認派と、政府によるコントロールをより厳格にして人民元の暴落を阻止するという意見の対立がある。

二〇一五年八月一一日、ずっと元高誘導されていた人民元の対ドル売買での基準値をいきなり二%近く切り下げ、その翌日、翌々日と切り下げを行い三日で四・六%の切り下げを行ったことがあった。このとき、国際社会は動揺し、中国にこれ以上切り下げないようにプレッシャーをかけた。このときの切り下げ政策の狙いは、急激に悪化した中国経済の浮揚策として、一九九四年に朱鎔基内閣が行った人民元大幅切り下げ政策にならったという見方がある。

経済の実相とかけ離れた元高誘導を是正し、また輸出力を改善するという意味で、人民元切り下げは正しい方向性だが、国際社会に、中国経済はそこまで危機的状況なのだというメッセージを発してしまったがため、中国の資金流出を加速させ、国際市場にも悪影響を与えた。

この後、当局では、人民元改革を急ぐべきではないとする意見が台頭し、政府介入によって元を買い支え、人民元安を防ぐ方向に入った。だが、結果的に人民元安と資金流出には歯止めがかからなかった。

二〇一六年六月末の中国の外貨準備高は三・二兆ドル。五月末に三・一九兆ドルまで減少して、多少予想外の増加に動いたこともあったが、このままでは中国にとっての安全ライン二・八兆ドルのラインに早晩達するペースとみられている。

この外貨準備高の急激な減少の背景に、一帯一路構想がある。もともと一帯一路構想が練られていたころは、巨額の外貨準備高を減らして、人民元の国際化を後押しし、中長期のドル安リスクを軽減することも狙いだった。

だが、英国のEU離脱騒動による欧州金融の不安定化、中国の資金流出の加速で、この一帯一路構想もあやうくなってきている。

中国社会科学院のロシア東欧研究所と中国社会科学院一帯一路研究センターなどが出版した『一帯一路建設発展報告二〇一六』には、一帯一路戦略上の政治リスク［民族・宗教問題の衝突や政治体制・イデオロギーの差異が国家政局に与える不穏な影響など］のほか、金融リスクも指摘している。

一帯一路周辺国は外貨準備高が相対的に低く、対外経済に対する依頼心が強い。しかも法律水準も低く、貿易投資、協調のメカニズムも不備なところが多い。こういう状況できちんと機能する投資・融資のメカニズムを打ち立てるのはもともと困難である。

しかもユーロの急な下落とドル高予想、および人民元の先行き不透明感が、新興国市場への国際資本の流出入を加速し、国際資金の流動管理がきわめて難しくなっていることが、大きなリスクとなっている、としている。

さらに、一帯一路沿線の国家の市場融資は銀行ローンに集中しており、過剰な銀行ローン依存が融資市場の十分な競争に不利となって融資元本が膨らみ、アジア地域の金融不安定化も招きかねない、という。

こういう状況をＡＩＩＢの支援でなんとかしたいところだが、肝心のＡＩＩＢはいまだ格付け問題を解決できておらず、機能不全に陥っている。しかもドイツ銀行の経営不振などの不穏な噂を耳にすれば、中国が当初頼りにしようとしていたＥＵ金融もあてにならないどころか、リスクの引き金になりそうな予感が漂っている。

世界恐慌の引き金になる日

こうして見てみると、中国経済は、銀行、企業の債務破綻、人民元の信用暴落といったきわめて深刻なリスクに直面しており、実際、いつ何が起きても不思議ではない。

その背景に、南院・北院の〝明争暗戦〟があり、国内の経済官僚、ブレーンはお互いの足を引っ張りあうかサボタージュを決め、そのことによる不透明さが国際社会のさらなる不安をあおっている。中国経済を本気で救おうとする政治家も官僚も実際のところおらず、彼らはむしろ党中央幹部のコネを利用して懸命に自己資産を海外に移転し、家族に外国籍を取得させ、逃亡の準備をしている。

日本を含む国際社会にとって中国経済の破綻は世界恐慌の引き金となりかねない。だが、なんとか救済策をとりたいと思っていても、習近平は外交よりも、内政における権力闘争を優先させ、共産党一党独裁強化のために軍事権掌握を最優先に考えている。

さらに恐ろしい状況を想像すれば、中国経済が破綻したとき、追い込まれた中国が対外強硬策を取ることで、共産党に対する求心力と執政の正当性を維持しようという方針をより強化し、実際の軍事行動をとるリスクが高まるとも考えられるのである。

とすると、中国経済破綻リスクは、単に日本の経済や金融への衝撃だけでなくて、領土の主権や国民の安全に関わる問題に発展する可能性もあるといえる。

そのとき、これまでに多くの投資をしてきた日本企業の資産や、多くの駐在員やその家族、留学生や旅行者らの安全をどうやって守るのか。日本国内で暮らす普通の中国人たちに、中国当局が国防動員法による命令で対日デモや破壊工作を働きかけた場合はどうするのか。

そういう具体的な想像力も、まさか、と思わずに、そろそろ持っておかなければならない時期に来ている。

今のままでは、最悪の形で経済はクラッシュする。できれば、政府の多少のコントロールが利く形で、経済改革という形で、クラッシュさせるほうが傷は浅く、回復は早い。

もし今、日本にできることがあるとすれば、一つは国際社会とともに習近平政権に経済優先の政策に切り替え、暗礁に乗り上げている経済改革に痛みの覚悟を持って取り組むように外交プレッシャーをかけていくことだろう。

もっとも、習近平の性格を考えると、どのようなプレッシャーをかけても本気で改革に取り組むとは思えない。経済改革は政治改革につながり、政治改革はおそらく共産党の一党独裁体制の終焉につながる。習近平は、それを避けるために、かほどに苛烈《かれつ》な権力闘争を展開し、軍権掌握にまい進しているのだ。

だが、中国にも多少なりとも変化の兆しがあり、民意というものが多少なりとも政権の方向性に影響力を持ち始めている。だとすれば、今の中国経済がどれほど危機的状況であるかということを、国際社会が中国の大衆に向けて発信していくことも重要だろう。

同時に、日本経済としては意識的に中国依存度を軽減していくことと同時に、中国経済が破綻した際に起きる政治的、安全保障的ハレーションに対する覚悟を持っておくことも必要だ。

第四章

中国のメディアは死んだのか

メディア・知識人への弾圧が始まった

習近平政権発足後、中国は文化大革命以来といわれるほど激しい、メディア・知識人への弾圧が始まった。大学では「七不講」（七つの言葉について論じてはならない）という耳を疑う内部通達が行われた。

七つの言葉とは、①人類の普遍的価値、②報道の自由、③公民社会、④公民の権利、⑤党の歴史的錯誤、⑥権貴《けんき》（特権）資産階級、⑦司法の独立。つまり人権や民主に関する西側の価値観への評価、文化大革命や天安門事件などの歴史問題、社会の不条理批判、人権などの権利擁護、党中央指導者の不正告発などを許さず、言論統制とメディアコントロールを強化しようとした。

この「七不講」の根拠となっているいわゆる「九号文件」［習近平のイデオロギー政策に関する内部通達文書。西側の民主、人権、公民の権利、市場経済など、七分野について中国の現状を批判する形で流布してはならないと通達する内容］を外国メディアなどに漏らしたとして、「国家機密漏洩罪」で当時七一歳の改革派女性ジャーナリスト高瑜《こうゆ》［一九四四〜］が懲役七年の重い判決を言い渡されたのを筆頭に、中国の良心と見られてきたジャーナリスト、記者、知識人らが次々と不当逮捕され、起訴や裁判の前にＣＣＴＶのカメラの前で自白や懺悔《ざんげ》を強要し、司法プロセスを無視したやり方で有罪を確定していった。

その様子は、まるで文化大革命時代の「つるし上げ」「批判闘争」を彷彿《ほうふつ》とさせた。体制にもの申すメディアは弾圧され批判精神を奪われた。習近平夫人・彭麗媛は、かつての毛沢東夫人・江青のように芸能界、文芸界に介入して習近平個人崇拝のプロパガンダを仕掛け、ネット統制を強化して世論誘導による「小粉紅」と呼ばれる愛国的若者を量産した。

かつて毛沢東は、共産党にとって二つの棒、すなわち筆杆子（ペン）、銃杆子（銃）はともに重要だと力説した。銃、すなわち軍隊によって政権を国民党から奪取できたが、その政権の正当性を確固とするのは、ペン、メディアによる思想宣伝なのだ。習近平は軍権掌握によって強い共産党体制を復活させ、独裁化を進めようと画策していることはこれまで述べてきたが、同時にメディアをコントロールし、知識人を粛清し、世論を味方につけて独裁を強化しようとしているのだ。

だが、知性と良心を兼ね備えた知識人やメディアが権力の錯誤を指摘できないで、どうして政治をあやまたずに運営できるというのだろう。誰が権力の暴走を止めることができるだろう。

中国メディアの死、知識人の無力化もまた、チャイナリスクの

高瑜

大きな要因となっているのだ。

文化大革命の手法で大衆を動員・独裁を強化

新中国建国後、最大の政治的厄災は文化大革命だろう。一九六六年から一〇年にわたって全人民を巻き込んだ思想・政治闘争。一言で言えば、毛沢東の嫉妬《しっと》と猜疑心《さいぎしん》から発した権力闘争だが、特徴としては思想闘争を建前にしており、また少年少女を中心に全人民を大衆運動に巻き込んだ。文革一〇年の間に、中国の良心と知識と伝統は破壊されつくされ、経済は停滞し、死者数は二〇〇〇万人以上に上った。とくに迫害の対象となった知識人たちにとっては思い出すことすら忌まわしい記憶である。

だが、じつは農村の素朴な人たちの間には、文革時代を懐かしく思う人たちもいる。貧富の差を見せつけられる現代よりも、都市の知識層も貧しく、農民と一緒に労働していた時代が良かったと振り返り、当時の革命歌やスローガンを聴くと、興奮がよみがえる人たちも、けっして少なくないのだ。

習近平は確信犯的に、文化大革命の手法で、大衆を動員して、自らの独裁を強化しようと考えた。その明確な方針が打ち出されたのは、二〇一四年一〇月に彭麗媛のアイデアで開催された文芸工作座談会〔二〇一四年一〇月に著名な文学者や劇作家、音楽家、舞踏家、書家など七二人を集め開かれた会議〕だろう。これを機に、習近平夫人の元軍属歌姫・彭麗媛が芸能界を牛耳るようになると、文化・芸能を通じた政治宣伝が活発化した。

とくに習近平の個人崇拝的なものが目立ちはじめ、たとえば二〇一六年の春節（旧正月）の大晦日《おおみそか》に行われた中国版紅白歌合戦と称される「春節聯歓晩会」などは、もとは庶民の年末の娯楽番組にすぎなかったのに、あからさまな習近平礼賛番組になってしまった。

また有名な革命劇『白毛女』〔中国の革命歌劇で共産主義模範作品の一つ。映画化・バレエ化も行われた〕が彼女の演出で二〇一五年、3D歌劇として復活上映されると、「紅頭文件（党内部通知文書）」で党幹部たち全員が見るように通達されたりもした。

中国の一部知識層は二〇一四年秋以降を、プチ文革（亜文革）時代と呼び、彭麗媛の江青化などと揶揄した。江青は毛沢東とともに文革を主導し「紅色女皇」と呼ばれ、末期には王洪文・張春

中国共産党内の権力闘争は全人民を巻き込んだ。紅衛兵と呼ばれた少女たちの姿。

橋・姚文元と「四人組」を形成、激しい粛清を展開した。元売れない女優としての嫉妬心、コンプレックスがとくに芸能界への介入、粛清という形で表れた。江青がいなければ文革はあれほど凄惨《せいさん》なものにはならなかったといわれている。

　彭麗媛は江青とは違い、売れっ子の実力派歌手であり、また江青と違い、表だった権勢欲を見せていないが、江青と同じく芸能界出身で最高指導者の妻という座にあり、芸能界介入を通じて政治宣伝を強化するという形で辣腕《らつわん》を振るった。江青は嫉妬心の強い愚かな自制心の利かない性格であったが、美人で聡明で、軍属の歌手として解放軍はじめ各方面に強い影響力をもともと持っている彭麗媛は、それだけにやり方が巧妙であった。

　そういう事情があったので、二〇一六年五月二日に人民大会堂で行われた「五十六朵花」（56フラワーズ）という純国産少女アイドルグループによる〝文革コンサート〟も、習近平と彭麗媛の仕掛けるプチ文革現象の一端かと思われた。二〇一六年五月といえば、俗にいう五・一六通知［一九六六年五月一六日、共産党政治局拡大会議で「ブルジョア反動思想の批判と指導権の奪取」

1989年に撮影された習近平と彭麗媛夫妻。二人にはハーバード大卒の娘が一人いる。

を呼びかけた通知」が可決して、文化大革命が発動された日からちょうど五〇周年目の月である。

文革礼賛コンサートの怪

このコンサートの演出、選曲はすべて、文革時代を彷彿とさせるようなものだった。紅衛《こうえい》兵《へい》〔文化大革命時期に台頭した全国的な青年学生運動。学生が主体で一部の虐殺《ぎゃくさつ》に加担した〕が毛沢東を礼賛《らいさん》するように少女たちが右手を掲げて、「社会主義好！」や「共産党がなければ新中国はない」といった革命楽曲、「大海航行は舵手《だしゅ》に任せよ」といった文革楽曲、果ては習近平総書記にささげる「肉まん屋」「あなたを何とお呼びすれば良いのか」といった楽曲を毛沢東のイラストや習近平の映るニュース映像などをバックにした舞台でオーケストラに合わせて合唱し、踊った。

このグループ自体は、日本発のAKB48や、AKBをプロデュースした秋元康が手がけた中国人少女アイドルグループSHN48などに対抗して、文化部傘下の東方文化芸術院宣伝部に属する民間芸能グループとして発足。解放軍芸術学院や中央民族大学付属高校などから一六〜二三歳、身長一七五センチの少女を集めた世界最大の少女アイドルユニットという。いちおう、民間のグループということになっているが、党の後ろ盾によって、党と国家の宣伝を目的に生まれたグループなので、純粋な商業アイドルとは違う。

この〝文革コンサート〟に対し声を上げて糾弾《きゅうだん》したのは、建国初期の労働相で元全国政治協商委員会・馬文瑞の娘、馬暁力《ばぎょうりょく》［太子党で最右翼の民主派に属し、父親の馬文瑞は習近平の父、習仲勲の同志］だ。彼女は激怒して「この文革コンサートを誰がやらせたのか徹底調査すべきだ」と中央弁公庁主任の栗戦書に直接手紙を書いた。


このコンサートは、中央宣伝部社会主義核心価値観宣伝教育弁公室（社宣弁）、中国国際文化交流センター、中国共産主義青年団中央中華未来の星全国組織委員会、中国歌劇舞劇院が共催となっている。

だが、中央宣伝部側は六日までに香港紙、星島日報の取材に対し、社宣弁なんて組織は存在しない、そのようなコンサートに関知していない、と否定。中国歌劇舞劇院は六日、「〝中央宣伝部社会主義核心価値宣伝教育弁公室〟なるものは虚構で、うその情報を提供されてわが院の信用をだまし取られた」と声明を出した。

一方、56フラワーズ文工団の団長は、メディアに対して、社宣弁についての発言を拒否しつつ「演出に文革宣伝の意図はない」と訴えた。

要するに、誰が企画したイベントなのか、正体不明なのだ。

普通に考えれば、これは権力闘争の文脈で考えるほうが腑に落ちる。というのも、二〇一六年に入ってから中央宣伝部がらみの奇妙な事件が相次いでいるからだ。まず、二月一九日に始まった習近平の「メディアの姓は党」キャンペーン、それを批判する王岐山の親友の不動産王、任志強に対するバッシング、王岐山の中央宣伝部に対するガサ入れと、それに伴う任志強バッシングの停止、俗にいう〝十日文革〟事件があった。すでに第一章で述べたとおりである。

香港のゴシップ誌『内幕』などは、中央宣伝部内部から得た情報をもとに、習近平の中央宣伝部支配に、劉雲山〔政治局常務委員、思想宣伝担当〕や中央宣伝部長の劉奇葆は抵抗しており、この二人を排除するために中央宣伝部の全面整理を行うつもりでいる、という。

これに対し劉雲山、劉奇葆は習近平の個人崇拝キャンペーンに乗ると見せかけて、過剰に習近平を礼賛することで、習近平の独裁イメージを文革の生々しい記憶とセットで国民に印象づける「褒め殺し」作戦に出ている、と分析している。

中国語の意味で「56の花束」という少女合唱団。平均年齢16歳、中国の56の民族を表しているという。

とにかく日本人には想像できないような複雑で高度な権力闘争の背景がありそうなのだが、一つ言えることは、党内にも大衆の間にも〝アンチ習近平派〟がけっして少なくない、ということである。そして、それが中国の社会不安定化を招きそうなのだ。

習近平引退を勧告した無界新聞事件

党内のアンチ習近平派の存在を顕在《けんざい》化させた事件が「無界新聞事件」（倒習信事件）だろう。二〇一六年三月四日、全人代開幕の前日に「忠誠の党員」という匿名で新疆ウイグル自治区主管のニュースサイト無界新聞に「習近平引退勧告」が掲載された事件である。

無界新聞は、二〇一五年四月、新疆ウイグル自治区政府主管で財経誌などを発行している財訊傳媒集団（財訊）およびEC大手アリババの出資で立ち上げられたニュースサイト。

このニュースサイトに、突然〝忠誠の共産党員〟を名乗る匿名筆者が、〝習近平に党と国家の指導職務辞任を要求す〟という題の公開書簡を掲載したため、サイトは急きょ閉鎖され、慌てて書簡が削除されるも、いったい誰が、こんな仕業を、とサイト関係者の間に緊張が走った。サイト側は公式には何者かにハッキングされたと言い訳した。

この書簡には、「習近平同志、あなたには党と国家を未来に向かって率いていく能力が備わっていない。総書記の職務に適任ではない。われわれは党の事業の発展と国家の長期の安定、あなたとあなたの家族の安全のために、党と国家のすべての職務を辞任し、党中央および全国人民に別の能力者を選ばせて、われわれを積極的に未来に導いてもらいたい」とあり、言外に穏やかならぬ恫喝を含みつつ、習近平の政治的、外交的、経済的失策をあげつらった。

その中には、イデオロギー統制強化によって個人崇拝を画策し、文革の悲劇を繰り返そうとしている点も指摘されている。

無界新聞サイドは当初、外部からハッキングされた、と主張したが、国家インターネット情報弁公室の技術チームが無界新聞のサーバを分析した結果、外部からのハッキングの痕跡はなく、習近平サイドは、党中央内部の犯行と見て、犯人探しにやっきとなった。後に釈放されたとはいえ、冤罪《えんざい》容疑で拘束された人も二〇人では済まなかった。

博訊によれば、この事件には当時新疆ウイグル自治区党委書記の張春賢《ちょうしゅんけん》〔一九五三〜〕が関与しているという。張春賢は胡錦濤の信任が厚く、二〇〇九年七月五日にウルムチで発生した大騒乱事件後に自治区書記となり、ウイグル宥和政策に舵を切ったが、習近平政権になってからウイグル政策の甘さに対する責

張春賢

任を追及された人物である。

この習近平引退勧告公開書簡掲載に張春賢が関与しているとすれば、追い詰められた張春賢が〝窮鼠猫を噛む〟の覚悟で反撃したという見方もできる。張春賢が直接関与していないとしても、関与したと断罪される可能性は高い。二〇一六年八月、張春賢が同区党委書記を更迭されたのはこの事件が原因とみられている。

こうした習近平引退勧告文、いわゆる「倒習信（打倒習近平の手紙）」事件はその後の三月二九日にも起きた。海外の華字ニュースサイト・明鏡新聞に同様の公開書簡が掲載されたのだ。この公開書簡の送り主は、「われわれは一七一人の忠誠の共産党員、党政軍の各機関部門からのメンバーだ」と言い、やはり習近平の個人崇拝キャンペーンや言論統制を、厳重な錯誤として非難している。

誰が真の犯人なのかは置いておき、こうした習近平引退勧告文書が相次いで公開されるということは、党内に習近平のやり方に強烈な不満を持っている党員が少なくないということである。その背後にあるのは、メディア統制、知識人弾圧によって異論を聞かない習近平の、文革を再び起こしかねない暴力性への恐怖だろう。

『南方週末』の壊滅

習近平政権の新聞・雑誌に対する編集権の介入のすさまじさを象徴する事件を二つ挙げよう。南方週末社説改ざん事件と炎黄春秋停刊事件である。

『南方週末』は広東省党委員会機関紙の南方日報を中心とする南方報業伝媒集団（南方集団）傘下の週刊紙で、中国の厳しい報道統制下にある中では、果敢な取材姿勢で知られる人気の新聞である。

『炎黄春秋』はすでに第一章で触れたとおり、天安門事件で趙紫陽《ちょうしよう》が失脚した二年後に趙紫陽に近い共産党中央幹部たちが創刊した歴史雑誌で、これも共産党中央宣伝部に介入を許さない独立した編集姿勢で知られる。南の南方週末、北の炎黄春秋といえば、中国当局の報道統制の圧力に耐えながらもジャーナリズム精神を失わない良心的メディアの代表とされていた。

だが、この二つのメディアは、習近平政権下において集中的に介入を受け、ほとんど壊滅状態となっている。

南方週末社説改ざん事件は二〇一三年一月三日号の新年社説がきっかけで起きた。この社説は当初は「中国の夢、憲政の夢」というタイトルで、「憲政を実現することこそ、自由で強大な国家を建設するという中国の夢を実現することである」と訴える内容だった。この社説を含む、新年特集号（三日号）については、一二月二四日から広東省宣伝部当局の厳しい事前検閲《けんえつ》を経て、そのテーマ、内容や表現は二転、三転して練り上げられた。

社説は、中国が憲政の夢を実現しつつあるというポジティブな論調になった。だが事前検閲を受けて練り上げられた社説にもかかわらず、印刷直前に省宣伝部からダメ出しをされて大幅修正を要求された。編集部はブチ切れたそうである。

事前検閲制度は、庹震《たくしん》・広東省党委宣伝部長が着任した二〇一五年五月から導入されていた。

事前検閲制度とは書き上げた原稿をチェックするだけではなく、企画案から宣伝部が介入し、もともとくに厳しい検閲を受けていた『南方週末』の記事をさらに厳しくコントロールするものだった。この煩《わずら》わしさに編集部にはすでに不満が溜まりに溜まっていた。

編集長および副編集長は省宣伝部が言うとおりに記事を書き直し、一面の写真や三面の記事の差し替えも行った。社説の内容は「憲政の夢」から「中華民族復興の夢」という共産党賞賛の文章に差し替えられた。

三日発売のこの紙面に記者たちは驚き、微博の編集部の公式アカウントはこの不満をぶちまけ、記事改ざんの顛末の調査と、省宣伝部長の謝罪と辞任を要求。四日には二〇一二年中だけで『南方週末』の一〇三四本もの記事が検閲によって掲載却下されたことも明らかにされた。急激に締め付けが厳しくなった報道統制に記者たちはすでに我慢の限界寸前だったのだ。

管理側と記者サイドの対立はその後も激化しつづけ、六日深夜に記者らは抗議のストライキに突入。新聞社前には、『南方週末』を応援する読者や言論の自由を願う活動家が集まり抗議デモも行われた。

こういった抗議活動が国内外の体制に批判的な知識人に広がってくると、党中央も緊張してきた。ついに胡春華・広東省党委書記を仲介役にして、省宣伝部と南方週末の調停をはかる。結果、編集長が引責辞任すればストに参加した記者たちの責任は問われず、庹宣伝部長は時期をみて更迭し、事前検閲も中止すると、南方週末側に大きく譲歩する形で手打ちとなった。

だが、この手打ちの条件の人事は履行されなかった。それど

庹震

ころか事件後、南方集団の編集部人事は党中央宣伝部の好みに沿って入れ替えられることになった。まず社長が中国共産党委員会宣伝部副部長の楊健にすげ替えられた。引責辞任する約束だった編集長は留任。更迭されるはずの庹震は中央宣伝部副部長に出世した。『南方週末』の編集部内の気骨のある記者たちは次々と去った。

南方週末は二〇一五年一二月三日の「習近平改革三年」と題したごますり長編記事を掲載、これをもって国内外知識人は南方週末が習近平政権に全面降伏した、とささやいた。

『炎黄春秋』も弾圧

南方週末事件後まもなく、『炎黄春秋』がターゲットになった。第一章にも詳しく書いたが、一九九一年の創刊以来、何度も政治的な敏感なテーマをとり上げてきたアグレッシブな改革派誌だ。

社長の杜導正は趙紫陽の元部下で、国務院新聞出版総署長などの閣僚経験者。現在の政治局常務委員・劉雲山〔思想宣伝担当〕の上司に当たる大物だ。

習近平政権はこの『炎黄春秋』の編集権にも介入。

二〇一四年暮れに同誌の主管は文化部傘下の芸術研究院に変更され、二〇一五年七月に長年編集長を務めていた楊継縄が圧力に屈する形で辞任。顧問の杜潤生《とじゅんせい》が二〇一五年一〇月九日、一〇二歳で死亡、今の党中央指導部にも影響力を持つような良心的知識人が次々と鬼籍に入り、『炎黄春秋』を守れる立場の人がいなくなってしまった。

二〇一四年暮れ、『炎黄春秋』の主管となった国務院文化部直属機関である中国芸術研究院が、社長を務めていた杜導正が体調を崩して入院した隙を狙って、社長解任人事を発表し、人員を派遣して、編集局を占拠し、雑誌社の資産八〇〇万元を差し押さえ、資料や荷物を勝手に運び出し、オフィシャルサイトのパスワードを奪い勝手に変えて、雑誌社から編集権、出版権を奪った。幹部、編集者を総入れ替えして、雑誌の性質を完全に変えてしまおうと試みた。当局による、暴力的な雑誌社乗っ取りである。

一九二三年生まれの社長の杜導正は二〇一六年七月、この横暴の前についに、停刊の声明を発表した。

『炎黄春秋』の停刊は、一つの雑誌の終焉《しゅうえん》というだけではなく、おそらくは中国共産党内右派の敗北、そして排除につながる、中国の行方を決する歴史的な事件といえるだろう。

この半年、何度か私的に匿名を条件に中国のメディア関係者や知識人との意見交換を行っているが、共通して訴えているのは、文革以来の厳しい知識人弾圧、メディア弾圧が起きているということだ。江沢民政権、胡錦濤政権時代に許されていた「エッジボール」といわれる、共産党メディアとしてのタブー報道ラインにぎりぎりかするような記事は今ではすべてアウト判定になる。それどころか、明白にコートに入っているボールですら、審判は打ち手が気に入らなければアウトの判定を下して失脚させる状況であり、それはまるで文革時代の右派狩りに似ている。

七・〇九人権弁護士狩り事件

習近平政権がプチ文革時代と呼ばれるもう一つの所以は、その苛烈なまでの知識人狩りである。その一例は国際社会も震撼させた七・〇九事件である。

二〇一五年七月九日、中国改革開放後、最大級の「弁護士狩り」が始まった。拘束された弁護士・人権活動家たちは三〇〇人以上（後に保釈された者も含む）。中国はその年の七月一日に新国家安全法案を可決し即日施行、国家の安全を「国内外の脅威」から守るためなら、どんな無茶ぶりも容認するといわんばかりのこの法律は、これまでの法治の概念を覆すものとして、中国の心ある法律家や弁護士は懸念を示していた。その懸念を具体化する事件が一〇日もしないうちに起きたのだった。

連行された弁護士の中には、同年五月末に政権転覆煽動容疑で逮捕された福建の人権活動家・呉淦［ハンドルネームは屠夫。ネット上で人権問題を発信していた］の弁護にあたっていた王宇弁護士はじめ、李金星、李和平、江天勇といった国際社会でも知られた著名人権弁護士が含まれていた。

一番のターゲットになったのは北京鋒鋭弁護士事務所。中国の人権活動家の拠点の一つでもあり、所長は著名弁護士の周世鋒《しゅうせいほう》で、王宇《おうう》もこの事務所に所属する。

王宇は七月九日から夫と息子らともども連絡が取れなくなった。周世鋒は一〇日、ホテルにいていたところを連行された。周世鋒は二〇一五年、香港雨傘《あまがさ》革命を支援して拘束されていた中国人記者助手の張淼の弁護を担当していた。

その後、周世鋒が連行されたと最初に情報発信した人権弁護士、劉暁原も行方がわからなくなった。このほか、法律相談NGOのボランティアや、民間の人権活動家が次々と行方不明となった。

これを受けて七月一二日、新華社、人民日報、CCTVなど中国中央メディアは「〝維権（人権擁護）〟事件の黒幕、鋒鋭事務所を摘発」と一斉に報道。ほとんどの中国メディアがこれに

王宇

周世鋒

準じた報道を展開した。

その内容は、人権派弁護士たちは、実は二〇一二年七月以降、中国社会で起きた四〇以上の（政治的）敏感事件、社会秩序を深刻に擾乱する重大犯罪を組織し、画策、煽動した大犯罪集団である、と断罪するものだった。つまり、習近平政権は、人権擁護活動を公式に違法だと、政権に刃向かう重大犯罪だと位置づけたのである。

中国の人権問題は今なお深刻である。二〇一一年の段階で年間二三万件あった群衆性事件、つまり暴動やデモ・抗議活動はその後も増えており、その多くが、自分たちの権利を不条理に踏みにじられたと感じる人々の不満の発露としての行動である。

不完全な法治の下で、不条理な暴力に抵抗する最後の手法はやはり、暴力になってしまうのだ。中国では、あまり機能しない司法の代わりに、中国共産党の上層部門に直接問題を訴える陳情という独特の問題解決手段が残されている。その陳情の権利すら、踏みにじられることが多い。

人権活動家や人権弁護士たちの役目は、その庶民が受ける不条理な暴力や踏みにじられた権利を、ネットや国内外メディアを通じて広く社会に知らしめることで世論を喚起し、事実を党中央、中央政府の耳に届け、善処してもらおうというものである。暴力に暴力で刃向かうしかなかった人々に、世論に訴える方法で、自分たちの窮状を中央政府に認識してもらい、中央政府に助けを求める手法を教える人権弁護士たちが、どうして政権転覆煽動や秩序擾乱に問われるのか。むしろ、社会を不安定化させる暴力的な群衆性事件や、不条理な社会への報復を目的とした他人巻き込み型自殺を防ぐ効果があるとはいえまいか。

だが、習近平政権は、そういう人権活動家、人権弁護士たちを、社会の不満分子をたき付けて社会を不安定化させるものと決めつけ、弾圧の理由とした。

この七・〇九事件で逮捕された王宇は一年余りたった二〇一六年八月一日までに、胸の腫瘍手術をするために保釈された。かつての自分の行動が誤りだったとする自己批判ビデオが流され、王宇はその中で、「中国の司法は礼節かつ慈悲にあふれている」と中国当局への感謝を述べるとともに、全米弁護士協会から贈られる予定だった国際人権賞の受賞を辞退することも明らかにした。

中国の知識人の良心は、すでに当局の暴力に抵抗する力を失ってしまったのだ。

香港を絶望に突き落とした銅鑼湾書店事件

習近平政権の言論・思想統制は、一国二制度で言論・思想の自由が守られているはずの香港にも及んだ。その象徴的事件が香港銅鑼湾《どうらわん》書店事件である。

銅鑼湾書店は香港の地下鉄銅鑼湾駅に近い、駱克道に面する小さな雑居ビルの急な階段を上った二階にあった。一九九四年に、香港人・林栄基が二〇万香港ドルを投じて開いた小書店で、そこに並んでいる本は中国国内での禁書が中心だ。文革や天安門事件に関する貴重な文字資料のほか、中国中央指導者たちの権力闘争の内幕や下半身スキャンダル、クーデター未遂や暗殺未遂の噂の真相、党中央の人間関係の解説、果ては内部通達文書そのものなど、中国国内に持ち込むことができない書籍が、わずか三〇平方メートルの店内にぎっしりと詰め込まれている。

こうした禁書専門の書店の存在は、香港が一九九七年に中国に返還された後も、一国二制度によって、出版・言論・思想の自由が曲がりなりにも守られてきた証しであった。購買層は私のような中国ウォッチャーのほか、中国から香港に来る普通の買い物客らだ。

だが、この書店の株主や店長ら五人が二〇一五年秋から次々と行方不明になった。

まず二〇一五年一〇月一七日に店の筆頭株主・桂民海がタイのリゾート地パタヤで行方がわからなくなった。桂民海は留学先のスウェーデン籍を取得、二〇〇三年からドイツに移住。香港の出資者とともに巨流伝媒集団という禁書専門の出版社を創設し、二〇一四年に銅鑼湾書店を買収していた。

続いて同書店の創始者で店長の林栄基が消えた。この人は書店の店長席に時々座っており、私も顔なじみである。一〇月二三日に店のパソコンにアクセスしたのを最後に、消息が途絶えた。妻が一一月五日になって香港警察に届け出た。その夜に、林栄基から「無事なので、捜索願いを取り下げるように」との電話があった。妻は捜索願いをとり下げた。

さらに一〇月二六日に同書店の株主の呂波、書店経理の張志平がいなくなった。二人はそれぞれ妻の実家がある東莞《とうかん》、深圳《しんせん》で連れ去られた。

最後に同書店主で作家の李波が一二月三〇日、香港で〝失踪〟。倉庫に行ったきり戻らなくなった。すでに香港メディアが不審な銅鑼湾書店関係者失踪と報じていた最中だった。妻によれば三一日夜一〇時と一一時に二回、李波から電話があった。電話で李波は「中国公安当局の捜査に協力している。そんなに早く帰れない」と言い、二度目の電話で「あまり騒いでくれるな。くれぐれも君自身の身に気をつけるように」と語ったという。

李波は英国籍保持者で、中国へ行くときには〝回郷証〟が必要だ。だが、この回郷証は家に置いたまま。どうやって内地、つまり中国に入境したのか。密入境ということになるが、〝回郷証〟があるのに、なぜそんなことまでして中国に行ったのか。答えは一つしかない。拉致《らち》されたのだ。

年が明けて二〇一六年一月。タイ・パタヤで行方不明になっていたスウェーデン国籍華人の書店オーナー・桂民海が、なぜか一字違う桂敏海という名前になって中国公安当局に身柄を拘束されていることが発表された。

一月一七日、本人がCCTVのニュース番組中で、自ら二〇〇三年に起きた飲酒運転による女子学生死亡交通事故の犯人であることをテレビ画面に向かって告白し、二〇〇四年八月に懲役二年執行猶予二年の判決を受け、怖くなって逃亡したが、遺族の気持ちを思うとやましくなり、自らの意思で中国に渡り中国公安当局に自首したのだと、懺悔《ざんげ》した。

彼は「この件にスウェーデン政府が干渉することを望まない」と強調。「自分が一人の中国人であると感じている」と涙ながらに訴えた。

あまりの不自然さに、国内外のメディアも騒然となった。

二三歳の寧波紡績《ねいはぼうせき》学院の女子学生が飲酒運転の車にはねられて死亡したこの事件は当時、中国でもさかんに報じられた。だが、二〇〇三年の事件について執行猶予付き判決を受けたのは本当に桂民海（桂敏海）であったのか。事故記録にある桂敏海の名前と桂民海は同一人物なのか。

当時の報道では、犯人の名前は〝桂某〟と匿名であったが、事件を報じるCCTVの画面にちらりと「事故調査報告書」が映っている。それには容疑者は「桂敏海、四六歳」とあった。公式の資料によると、桂民海は一九六四年生まれ、一九八五年に北京大学を卒業。とすれば二〇〇三年の事故当時、彼は三九歳であり、桂民海と桂敏海は名前が一字違うだけでなく、年齢も合わない、ということになる。

そもそも、正式の起訴、裁判の前に、容疑者をCCTVのテレビカメラの前に連れ出し、弁護士の立ち合いもなく、自白と懺悔を行わせるというのは当然、中国の司法プロセスにおいてもおかしい。だが、習近平政権になってから、建前の司法ですら、尊重されなくなっており、この三年の間、人権派弁護士やジャーナリスト、知識人ら、中国当局にとって都合の悪い思想やイデオロギーを持つ著名人物を起訴前にテレビ画面上で自白、懺悔させ、世論に対して有罪印象を植え付けてから起訴、裁判を行うというやり方が常態化しつつある。

続いて、二〇一五年一二月三〇日、香港の書店の倉庫に行ったまま忽然《こつぜん》と姿を消していた銅鑼湾書店主で作家の李波も、中国公安当局に身柄を押さえられていることが明らかになり、銅鑼湾書店関係者失踪事件の黒幕が中国公安当局であることは公然となった。

親中派香港紙・星島日報は、スクープとして李波が香港警察宛てに書いた直筆の手紙と、李波が妻と面会した証拠として一緒に写っている写真を公開している。その手紙では、「自分は拉致されたのではなく、また買春によって警察に捕まったわけでもなく、香港警察は警察力を浪費する必要はない。内地（中国）で捜査に協力しているのは自発的なものだ。まだしばらく時間はかかりそうなので、どうか家族の安全を守って、これ以上騒ぎ立てないでください」と、訴えていた。

林栄基が告発する銅鑼湾書店事件の真相

三月になって、李波、呂波、張志平が前後して釈放された。

このうち三月二四日に釈放された李波は香港で、親中香港メディア、フェニックステレビ、星島日報と中国ネットメディアの澎湃新聞にだけ、インタビューに応じて、こう語った。

「私は自分から願って捜査協力のために内地に赴いた。拉致された、失踪したという話はまったくなく、すべて私個人の行動である」「私はただ証人の身分で、捜査に協力し、執法当局の質問に答えただけだ」「私が内地で捜査協力に応じていることが他人に知られると、家族が私のために困ると思って、回郷証を使わずに密入国した」「私は中国人であり、香港人。（私が英国パスポートを持っている件で、英国政府が介入してくるなら）私は英国居住権を放棄する。この件については妻と相談し、同意を得た。すでに英国サイドには伝えてある。……近年、（桂民海と私たちの会社が）出版した多くの書籍はすべてねつ造だ。この機会に、私は過ちを懺悔し、これによって傷ついた人たちに謝りたい。これが内地の捜査に協力した理由の一つである」

李波はこのインタビューの後、なぜか再び中国に戻っていった。

当事者たちが、中国公安当局に拉致されたのではなく、自分から中国に不法入境したのだと証言してしまい、真相はそのまま隠蔽《いんぺい》されるかに見えた。だが、李波らに遅れること約三カ月、六月一四日になってようやく釈放された店長・林栄基が一六日、立法会ビルで民主党議員で弁護士の何俊仁の付き添いのもと記者会見を開き、この事件の黒幕が「中央専案組」という党中央直属の機関で、「一国二制度潰し」が目的であることを告発した。

その内容は衝撃的だった。

林栄基は一〇月二四日、広東省東莞在住の女友達に会いに行くべく深圳市羅湖《らこ》のパスポートコントロールを通過するときに深圳公安警察当局に身柄を拘束され、以降、法的根拠も示されないまま、当局に監禁され、厳しい尋問を一〇回以上受けたという。六月一四日に「禁書の購読者に関する資料（ハードディスク）を本土に持って戻る」という約束で、香港に帰郷を許された。しかし、事件の顛末を香港人に公開し、二度と本土に戻るまいと決心したという。

監禁中、拷問こそ受けなかったが、当局は林基栄の自殺を恐れて、歯磨きをするときですら、歯ブラシにナイロンの

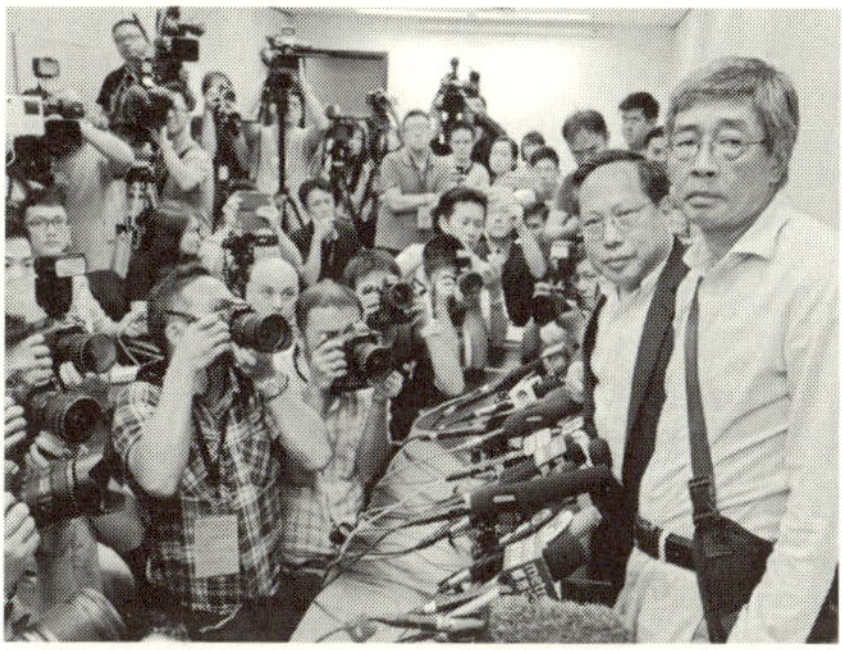

弁護士・何俊仁（左）の付き添いで記者会見する、中国公安当局に拘束されていた林栄基（右）。

ひもを付けて、監視人がひもの端を持って脇に立って見守るような厳しい監視を受けた。尋問では、「本土に禁書を持ち込んだり配本したりすれば本土の刑法に背くのだ」と指摘され、尋問者は、どうやら禁書の筆者、編集者、購読者の資料を欲しがっているようだった。林は香港に帰り家族に会いたいと尋問者、監視人に何度も要求。尋問者は、もし会社が保有している禁書購読者リストの入ったハードディスクを提供すると約束するなら応じてもよいと返答した。またあるときの尋問では、一〇万元の補償金をやるので書店を閉店させよ、と圧力をかけられ、林は「欲しいのは補償ではなく、自由だ」と答えた。

一四日に林は、ハードディスクを提供するとうそをついて香港に返してもらった。その後は、香港の自由を守るために、自分もリスクを負う覚悟ができたとして記者会見を開いたという。

「なぜなら、これは社会の表現の自由の権利を奪う事件だからです」と林は語った。

林によれば、自らの意思で香港から内地に渡ったと主張している李波は香港から〝拉致〟されたのであって、「すでに中国政府は香港の後戻りの道を断っている。一国二制度はすでに有名無実化している。今回は（香港と本土の）境界を越えて司法を執行した」と言い、一国二制度の最後の砦《とりで》である司法の独立が完全に崩れていることを指摘する。

林栄基は香港人に向かってこう呼びかけた。「強権に向かってノーと言おう、私にはできる。あなた方はできないのか？　私は権力に屈服しないぞ」

中国外交部報道官は定例記者会見でこの件について「中国当局は当然、この件を法律に基づいて処理している。寧波公安当局はすでに香港メディアの取材に対して、はっきりとさせている。林栄基は中国公民であり、彼が内地で法律違反をすれば、中国当局は当然、法に基づいて処罰することができる」とコメントし、林の身柄拘束を中国当局の当然の権利であると主張した。

中国が現在、香港でやっていることは、中国共産党政権による赤い「白色テロ」といってもいい。香港はすでに一国二制度を失い、その核心的価値、つまり民主・自由・法治を守ることができなくなっている。中国当局に批判的な言論をしたり書物を販売したりするだけで、人間が突然蒸発するような恐ろしい事件が起きる土地となってしまったのだ。

官僚・知識人の死が急増

こうした習近平政権の言論・思想弾圧の結果、中国では、官僚・知識人の自殺・不審死が急増した。共産党理論誌『求是』の朱鉄志・副編集長が二〇一六年六月二五日に自殺したのもその例だろう。『求是』編集部の地下にある駐車場で首をつったという。朱鉄志は、一九六〇年吉林省通化生まれ。北京大学哲学科を卒業し、随筆家・雑文家として、また『紅旗』や『求是』など共産党中央誌で編集者として活躍した。その筆致はユーモアと思索に富み、魯迅文学賞も受賞したことがある。もちろん優秀な党員である。

思想的には開明派、改革派であるが、習近平政権になってからは二〇一四年八月一二日に「習近平総書記に文風（文学スタイル）を学ぶ」と題した、渾身の習近平ヨイショ原稿なども寄稿している。私が記者として駐在していた当時の原稿と比べると〝らしくない〟ものが多かった。彼は、『紅旗』記者時代、左傾思想、毛沢東主義を批判してきた雑文の大家、牧恵の薫陶《くんとう》を受け、少なくとも習近平政権前は、党の封建主義的な部分を批判していたし、改革開放と自由を重視していた。

自殺の約一〇日前の六月一六日、北京市雑文学会と検察日報が北京で主催したネット時代の雑文創作についてのシンポジウムの席で、朱鉄志は「雑文にいかに〝党性〟を表現させるか」というテーマについて、次のように語っていたそうだ。「党刊（党の刊行物）に身を置くからといって真理の化身を代表するわけではない。……やはり民衆の中に深く入っていき、民衆の視点からの観点で、党性と人民性を有機的に統一させねばならない」

この言葉の真意についてはいろいろ考えられるが、党の世論に対するコントロールの厳格化に対しての不満を漏らした発言ともとれる。今の党は人民性を持っておらず、人民を上から押さえつける存在でしかない、と。このとき「雑文を書くのは高層ビルの建築現場で作業するようなもの。安全に注意しなければ、足場から転げ落ちてしまう」といった意味深な発言もしていた。またいくつかの会合で「知識分子として最も恐ろしいことは独立した人格、独立した見解、独立した表現の欠如だ」といった発言も繰り返していたそうだ。

朱鉄志の友人で、人民日報文芸欄「大地」の編集長の徐懐譲は四四歳の若さで二〇一二年八月二二日、自宅から飛び降り、死亡した。二〇一四年八月二八日、ジョージ・オーウェルの『一九八四年』やサリンジャーの『ライ麦畑でつかまえて』などの訳書がある広州の翻訳家の孫仲旭は四一歳の若さで自殺した。二〇一六年二月一九日、上海華東師範大学政治学部講師の江緒林が首つり自殺した。彼は天安門事件のとき、北京大学研究生〔哲学〕であり、天安門事件を紀念したことで逮捕された過去もある。死ぬ前に手書きの遺書の写真を微博にアップしていた。内容は財産を姉に譲渡することなど自分の死後の処理に対する願いと、キリスト教徒である自分が自殺することの後悔、そして「(死ぬのが)怖いので白酒を飲もう」という一文で締めくくられていた。思想的に現在の政治環境に耐えられなかったのが死因だといわれている。

他にも著名知識人たちが次々と自殺しており、その表の理由は、うつ病ということになっているが、今の言論・思想統制の現状に、繊細な知識人の良心が耐えかねたのではないかと噂された。

自殺者の増加は官僚にも及んだ。香港メディアが報じたところによると、習近平政権時代に自殺など不審死を遂げた官僚が一二〇人以上という。官僚を、大学を出て体制内で公務員として働く体制内知識人の総称とすれば、これも知識人の自殺増加の根拠といえるだろう。官僚の〝不正常死〟は二〇〇三年から二〇一二年の胡錦濤政権時代は六八件あったが、これと比べると実に倍近くということになる。理由は習近平政権の反腐敗キャンペーンとみられている。苛烈な取り調べを受けている過程で、精神的に追い詰められたため、あるいは同僚や家族を守るために〝自殺〟を選択せざるを得ない場合があるのだという。

二〇一五年八月に中国人民最高検察院名義で「八項目の禁令」〔贅沢禁止など、共産党員の綱紀粛正命令〕を発布した。このあと官僚、党員の自殺者が急増している。だが、綱紀粛正と官僚・党員の自殺者の急増の因果関係は証明されていない。なぜなら、公式には原因は「うつ病」だからだ。

「ボイスオブアメリカ（VOA）」が、この件について、米国に拠点を置く華字メディア・明鏡集団総裁の何頻の興味深いコメントをとっている。

「法医調査も何もないので、彼らが一体どのように亡くなったかは、われわれにはわからない。一般に中国の官僚の死はみな、うつ病と処理される。うつ病で死ねば、死後に調査されず、メンツも失わないで済む。家に汚職で築いた財産があってもうつ病では追及されない。……真相を隠蔽するのは中国共産党の一貫したやり方で、彼らの本当の死因を知る方法はない。いろいろな噂が流れるだけだ」

多くの自殺者、不審な死の中には、自殺もあるだろうし、ひょっとすれば謀殺もあるかもしれない。過去、知識人や官僚の間で大量自殺があったのは、文化大革命の迫害時代であった。習近平政権下では、文化大革命時代ほどあからさまではないにしろ、同じような〝迫害〟がひたひたと彼らに押し寄せているということではないだろうか。

一党独裁体制の中国共産党が体制外の知識分子を国家政権転覆煽動罪、国家分裂罪のレッテルを貼って迫害することは今に始まったことではないが、体制内の良心的知識人がこのようにじわじわと精神的、肉体的死に追いやられていることは、ゆゆしきことだ。体制外にも体制内にも、今の中国の行方を真剣に考え、道を過たぬよう世論を喚起する良心も知性も失われてしまうということだからだ。

迫害に抵抗する者は失脚させられ、あるいは謀殺され、命を惜しむ者は良心を失い惨状を見ないふりをして、物言わず、サボタージュを決め込む。抵抗するほど強くもなく、サボタージュするには責任感の強すぎる、善良な知性を持つ官僚や党員が自死に追いやられる。

肉体の死にしても、口と目を閉ざす魂の死にしても、知識人の死は、中国の死だ。彼らの死の急増に、中国は再び混乱と停滞の時代に突入するという予感がしてならない。

NGOの支援を受けたストライキが多発

習近平政権が弾圧しているのは何も知識人層だけではない。一般に、基層民（労働者、農民）の間で習近平支持は高い、といわれている。だが、最近は必ずしも労働者、農民の味方ではないことも明らかになってきた。

たとえば、二〇一五年一二月には、労働者の権利擁護を目的とした広州のNGOが徹底的に弾圧された。弾圧のターゲットになったのは労災被害者の権利擁護組織「南飛雁社会工作服務センター」「広州番禺打工族服務部」「海哥労工服務部」、「向陽花女工センター」といった著名NGO四組織で、拘束者は二〇人以上に上ったという。

二〇一五年五月にも広東省の労工権益保障を行う「工維義工」創始者の劉少明が「挑発罪」で拘束され、後に国家政権転覆煽動容疑で正式に逮捕されている。

この労働者権利擁護NGOの集中摘発の背景には広東省を中心に急増する労働者のストライキの問題があるという。若い労働者の直面する問題を専門に研究する著名中国人学者と非公式の場でお会いしたときに聞いたのだが、昨今急増しているストライキは、賃金増や福利厚生改善要求の目的だけでなく労働組合を自分たちで組織したい、といった政治的権利要求も含まれるようになってきており、これが習近平政権にとっては大きな懸念になっているという。

香港に本部のある中国労働通訊の調べでは、二〇一六年上半期に中国で発生したストライキは前年同期比で一八・六％増の一四五四件。一日平均にして八工場で労働争議、スト、抗議活動が起きている計算になる。

とくに、交通関係のストが急増して二〇五件、前年同期は一二七件だ。この抗議活動の多くは待遇に対する不満なのだが、「もしわれわれに労働組合があれば、このような不当な待遇は起きなかったはずだ」という考え方の労働者が増えているという。ちなみに二〇一五年の労働争議、スト件数は二七七四件で二〇一四年の約二倍だ。

習近平政権が打ち出している「新常態（ニューノーマル）宣言」と名付けられた低成長容認策、そして「供給側（サプライサイド）の構造計画」という名の赤字国有企業・ゾンビ企業の整理は、失業者を少なくとも六〇〇万人以上生むと予測されている。

当然ながら、彼らの未払い賃金や社会保障問題が大きな社会問題として顕在化し、うまく処理されない場合は労働者の抗議活動が広がり、その矛先は政権に向く可能性をはらんでいるのだ。このため、労働者の権利を声高く叫ぶＮＧＯ組織者は、群衆による社会秩序擾乱罪といった罪状に問われかねず、悪くすれば国家政権転覆罪という重罪で起訴されることになるのだ。

習近平政権は、今のところ労働者の不満に対しては、警察権力、治安維持力で強引に抑えつつ、そうした労働者に法律上の知恵を授けたり集団による権利要求運動のノウハウを教えるＮＧＯを潰しにかかっている。

だが、こうした労働者はすでに二・七億人。農村から都市部に出稼ぎに来た農民工と呼ばれる労働者は一・七億人に上る。経済の悪化に伴い、彼らの多くが習近平政権の経済政策に不満を感じ、抗議活動に動けば、今の中国の治安維持力ではとうてい抑えきれるものではない。

ネットで知識を得て連帯する新世代農民工の台頭

中国の公民運動支持者で作家の野渡がラジオフリーアジアなどで「当局のＮＧＯ弾圧では労働者ストライキは阻止できない。今後、ストライキはむしろ増えていくだろう」と予言していたが、そのとおりになっている。

その理由は、農民工の中心をなす八〇后［パーリンホウ。一九八〇年代生まれ］世代以降の若者は、かつての農村からの出稼ぎ者と違い、自己実現欲や個人の権利意識が高い。というのも、一人っ子世代ゆえに、農村に生まれながらも、それなりの教育機会を与えられ、インターネットやスマートフォンを使った情報収集能力が高い彼らは、新しい形の知識層ともいえる。

彼らはＳＮＳで、他の工場労働者や法律関係者らと知り合い、情報を交換しあい、ネットワークを構築。彼らの労働争議は、非常に戦略的で闘争的だ。しかも、ＳＮＳで形成されるグループが核となるので、リーダーが一人ではない、あるいはリーダー不在という点が、当局の弾圧を難しくしている。労働問題を研究する人たちはこうした知性を持った若い農民工を新世代農民工（新生代農民工）と定義しているが、彼らは近い将来、中国社会を根底から変えていくマンパワーになる、という研究者もいる。

ある新世代農民工研究者にやはり非公式の会合でお会いしたとき「もし、中国に政治体制改革が起きうるとしたら、党中央指導部側からの改革と、労働者や農民らの権利運動などで底辺から押し上げられるような改革と、どちらの可能性が高いでしょう？」と質問したら、間髪なく「底辺から改革が始まる可能性のほうがずっと高いですね。党の上層部は既得権益がじゃまして最後まで政治改革に手をつけられません。ですが、低層に生きる人たちは、何も持っておらず、中国社会を変えていかねば何も手に入らない」という意見だった。

彼は中国の名門大学に所属するいわゆる体制内学者であったが、匿名の場ではそのような率直な意見を言うのだった。そして、その底辺から体制を変えていこうという力、ストライキや労働者運動がピークを迎えるのはあと四、五年かかる、という見立てであった。さらに、そういう権利意識の高い、政治意識の高い農民工、労働者が多い地域は広東省であろう、という。

今も続く烏坎村の乱は何を意味するか

こうして考えると、習近平は知識層を敵に回しているが、農民・労働者からは圧倒的支持を得ている、というふうに単純にはいえない。農村でも自治を求める農村はあり、たとえば広東省汕尾市の烏坎村《ウーカン》などは村民直接選挙で選ばれた村長（村民委員会主任）林祖恋（峦）を中心とした〝自治の村〟と呼ばれていた。習近平政権は二〇一六年六月にこの林祖恋を汚職容疑で突然拘束し、農村自治を許さない姿勢を見せた。

烏坎村は二〇一一年から一二年にかけて〝烏坎の乱〟と呼ばれた村民デモによって、旧共産党支部書記を追い出し、自分たちで村民代表を普通選挙で選び直し、そうして選出した村長・林祖恋を、党上層部に党支部書記として任命させた〝烏坎村の乱〟事件で一躍全国的に有名になった。以降、中国唯一といってよい〝草の根民主の村〟として、〝烏坎モデル〟と呼ばれるようになり、周辺の村々に影響を与えてきた。この村民デモの中心的役割を担ったのは、やはりSNSを駆使して村民デモが警官隊に弾圧されている様子や、臨時村民代表大会理事会副会長の警察による拷問死などの問題を世界に発信して国際社会の応援を取り付けた新世代農民工の一〇代の若者たちだった。故郷の村の窮状を知って、出稼ぎ先から村に帰り、彼らの持てるネットワーク力、情報発信力を生かして、村民デモを戦略的にサポートしたからこそ、この抵抗運動は成功したといっていい。

結局、当時の広東省党委書記であった汪洋は、側近で広東省副書記の朱明国を現地に派遣し、村民自治組織の正当性を認めるべきだとする朱の報告を受けて、翌年一月、旧党支部を解散、臨時村民代表理事会顧問の林祖恋を新たに党支部書記に任命したのだった。

だが習近平政権になって、「汪洋の遺産の広東省の農村民主」と呼ばれた烏坎村は迫害の対象になった。九月になって村長の林祖恋は汚職で実刑判決を受けるも、これに納得しない村民たちは抗議デモを繰り返していた。だが、ついに当局は警官隊三〇〇〇人規模を投入し、催涙弾《さいるいだん》、ゴム弾を使ったデモの武力鎮圧を展開する。村民は投石などで抵抗を続け、死者こそ出なかったが五〇人以上の負傷者を出すプチ天安門事件のような様相になり、二〇一六年九月時点でなお村は封鎖状態で、緊張状態にある。

言論・人権の弾圧リスクは長期の混乱を招く

プチ文革時代といわれる習近平の圧政は、芸能界を牛耳り、メディア、知識人を窒息させ、官僚を死に追いやり、猛威を振るっている。知識人とメディアは瀕死の状態に追い詰められている。同時に、習近平政権の振る舞いは、必ずしも農民・労働者の味方ではない。プロパガンダによって、習近平政権はあたかも基層民の味方、庶民の味方という触れ込みだが、実際には労働争議も農民の抵抗運動も力づくで抑え込んでいる。これは、習近平政権が何者にも一切の抵抗を許さない独裁を目指しているというきわめて絶望的な現状を示すと同時に、複雑で長期の混乱を引き起こす可能性がある。

労働者・農民という従来の知識層でないとされていた人々の中に、知識と情報を持って連帯する能力を持つ若者も台頭しているという事実である。過去、為政者に大衆動員され権力闘争に利用されるのが常だった基層民にも、法治と人権、民主を求める知識層が育っている。習近平の言論・思想弾圧は、メディア、学者、学生と知識人を徹底的に追い詰めているが、労働者と農民はすべて迫害できるほどは少なくはない。文革時代は、知識人・文化人・富裕層と、貧しく無知な労働者・農民の対立構造を為政者に利用されていたが、今は農民や労働者の若者の中にも、ネットによって国際社会を知り、スマートフォンを使って自己の権利主張を行うことが可能になった。

ならば、習近平政権がこのままのスタイルで思想統制、報道統制を続けていくことは、いずれほころびが出てくるのではないか。ひ弱な学生や知識人、メディア人ならば弾圧に屈し、従順になることで、今の豊かな生活を維持しようと妥協に動くとしても、貧富の格差に不満を持ち、虐げられてきた経験が長い農民、労働者にすれば、少々の弾圧を受けても抵抗をすぐには諦めない。人口が圧倒的に大きい分、その抵抗が連帯し広がったときには、為政者のもっとも大きな脅威となるやもしれない。

文革の再来とまでいわれる習近平政権の激しい言論統制・思想の弾圧は、知識人の良心やメディアを死に追い込むかもしれないが、その結果、為政者の過ちを早期に軌道修正させ政権内部からの崩壊を未然に防ぐバランス感覚を失わせ、最終的には知識人だけでない基層民の支持、大衆の支持を失わせるリスクをはらむことになる。

その種のチャイナリスクは、中国大陸で何度も繰り返されてきた王朝の滅亡を決定づけた大衆の反乱、動乱を引き起こすきっかけになるやもしれない。

そうして社会が不安定化し、政権が内部から崩壊していくときに、日本など周辺国が被るリスクは、単に軍事衝突や経済崩壊にとどまらず、難民の大量流入、そのことで起きる日本国内の治安問題、あるいは偏見や差別など人権問題といった日本社会の在り方にまで響くような広範囲なものになるだろうし、また単なる軍事、経済リスクと違って、再び安定期をとり戻すまでに非常に時間のかかるものとなろう。おそらく、数あるチャイナリスクの中でこれが一番、複雑で長期的かつ厄介でネガティブな影響を周辺にもたらすのである。

日本としては、だからなおのこと、中国国内で起きている言論弾圧や人権弾圧に対して他人事のように無関心でいてはならない。隣国の言論・人権弾圧には批判の声を上げ、知識人とメディアの良心と抵抗を応援することが、人として人道的な意味でも、国家としてリスク回避の意味でも重要だと考えるのである。

第五章

中国 五つの未来シナリオ

習近平の長期独裁体制を阻むもの

中国習近平政権がはらむ数々のチャイナリスクについて述べてきたが、そのような中国が今後どのような道をたどるのか。中国が米国と並ぶ世界のルールメーカーとなり、太平洋を二分するような中華圏を確立するのか。あるいは政権が崩壊し、長い動乱時代が始まるのか。それとも、軌道修正されて、国際社会との協調路線に戻るのか。

可能性としてはいろいろ考えられるのだが、私はここで、いかにもありそうな五つの近未来シナリオを提示してみたい。具体的な事象を想像することで、日本がこうしたチャイナリスクに備えるべき姿勢も見えてくるのではないだろうか。

私は習近平政権の今後について、かなり厳しい見方をしている。従来の集団指導体制であれば、総書記兼国家主席兼中央軍事委員会主席は二期一〇年の任期が普通だ。二〇一七年秋の党大会で最初の任期の五年が終わり、順当ならば次の五年も習近平が総書記、国家主席、中央軍事委員会主席を継続することになる。同時に二〇一七年秋の段階で、二〇二二年以降に誰を総書記の座に就けるのかを見越した候補人事の選定というのが進んでいなければならない。

だが二〇一六年夏の北戴河《ほくたいが》会議で本来話しあわれるはずのポスト習近平人事はまったく噂にならず、それどころか習近平は自分が三期目も総書記を続けるつもりであるという情報がAFPなど一部メディアで流れはじめた。

つまり習近平がこれまでの共産党集団指導体制を崩して、自分が長期政権に就く独裁体制をつくろうとしているということである。習近平が集団指導体制の政治局常務委員制度と六八歳引退という不文律を廃止し、自分の長期政権をつくろうとしていることはかねてから香港メディアも報じていたし、私も党中央に近い知識人、メディア関係者たちから聞き及んでいる。

だが、習近平が長期独裁体制を敷くために最低限必要な軍権の掌握とメディアの掌握ができているかというと、二〇一六年秋の段階では、まだできていない。そして習近平が八月に打ち出した「共産主義青年団改革」プランは、政敵である団派の母体組織の影響力をそぐことが目的の権力闘争だが、これを実行するにあたり、おそらく李克強はじめ団派の政治家および官僚組織の強い抵抗を受けるだろう。

こうした権力闘争の激化の末、二〇一七年秋の人事で習近平が総書記の座を追われる可能性もゼロではないと考えている。少なくとも習近平の独裁体制確立を阻止しようという党内アンチ習近平派がこのまま黙っていないのではないだろうか。

習近平の引退と新世代の台頭

こうした権力闘争の激化の結果として予想される一つ目の未来は、習近平の引退である。あるいは事実上の失脚というべきか。つまり政治局拡大会議などで引退を勧告され、それに抵抗できず辞任する可能性である。私は、これが中国にとって一番、平穏に今の政治の方向性を軌道修正でき、国際社会にとってもベストな結果につながるのではないか、と考えている。

権力闘争の末、党内のアンチ習近平派の意見が周到に取りまとめられ、バブル崩壊などの経済問題や外交失策の責任などを理由に、党大会前後に行われる政治局拡大会議などで、党中央の総意という形で引退する。習近平が経済・外交政策の失敗の責任をとる、という形にすることで、本来中国が取り組まねばならない痛みを覚悟した経済改革に踏み込めるだろうし、また外交関係も修復されることで国際社会もそういう中国の経済改革に比較的協力的になれるだろう。

このときに現行の政治局常務委員全員がそろって引退し、指導部の若返りがはかられることになるかもしれない。そうすると共産党は今までの集団指導体制を維持することになり、形式上、共産党体制は存続する。ただ、指導部が一斉に一九六三年生まれ以降、つまりポスト習近平と噂される胡春華や孫政才の世代に若返ると、中国はおそらく今までの中国とは全く違う価値観が台頭してくるのではないか、といわれている。

六三年生まれ以降の特徴は文化大革命の記憶がないことと、八九年の天安門事件に至るまでの民主化運動時期と青春期が重なっているということ。学生時代に胡耀邦が進めた民主化に共鳴したことも、天安門事件の弾圧のときに白い花を胸につけて抗議した経験もある世代である。こうした経験を経て官僚・政治家を目指した若者たちの価値観は、それ以前の官僚・政治家とは根本的に違うといわれている。

彼らの世代から、ゴルバチョフのような政治改革者が出てくる可能性が一番強い、と見られている。もし、そうなれば、それは新しい中国政治のスタートといえるかもしれない。

ちなみに現在、党政治局・長老の意見を取りまとめて習近平に引導を渡せるだけの実力を持つ政治家は王岐山くらいしか私は思いつかない。習近平の盟友という形で政権を支えてきたが、任志強事件後、もし二人の関係に変質が起きていたのであれば、王岐山が習近平独裁体制にストップをかける役割を担うかもしれない。

今の習近平政権に見られる中国の北朝鮮化現象に歯止めがかかり、多極外交に立ち返り、段階的な政治改革を伴った経済の市場化、自由化が進むことで中国の本来持っている経済ポテンシャルが引き出されるかもしれない。経済のハードランディングそのものは避けられないとしても、比較的短期間で回復できる見込みがあるのではないだろうか。

もう一つ望ましいシナリオとは、習近平が突然、独裁者志向を放棄し、政治改革に着手する、という習近平隠れ改革派シナリオだ。習近平は一党独裁維持のために自分に権力を集中させ強軍化政策を進めていると今のところ思われているが、それは実はかりそめの姿で、習近平こそが共産党体制に引導を渡し、民主的選挙による大統領制を導入する〝ゴルバチョフ役〟を引き受ける。そして共産党最後の総書記にして最初の大統領となる。「私はゴルバチョフにならない」と言っていたのは、周囲を欺《あざむ》くためのうそだったか、当初はそう思っていたが、結局、体制改革は避けられないと判断するという可能性だ。

解放軍は国軍化され、かつての旧ソ連とほぼ同じ道をたどる。その際、チベット、モンゴル、ウイグル地区などで独立運動が起きるかもしれない。習近平は劉暁波《りゅうぎょうは》［一九五五〜／中国の著作家。民主化運動に参加し投獄される。二〇一〇年にノーベル平和賞を受賞］に続く二人目の中国人ノー

劉暁波

ベル平和賞受賞者になるやもしれないし、あるいは国民の指示を得たプーチンのような強い独裁的指導者に生まれ変わるかもしれない。それはそれで、ひそやかに期待したい。さんざん習近平政権を批判してきた私だが、私の観察眼が曇っていたのだと、そのときは心から反省の弁を述べたい。

しかし、中国のメディア関係者や学者らの間では、私の知る限り、そんな甘い期待を抱いている人はいない。

可能なら避けたいネガティブシナリオ

前述の二つのシナリオに比べれば、実現となれば日本も無傷ではいられない事態も予想しておこう。

比較的可能性が高いとみられているのは、クーデターや暗殺といった軍部による政権転覆である。何があっても不思議はないリスクを中国がはらんでいるということを忘れないでほしい。南シナ海や東シナ海の軍事挑発行動が失敗に終わり、軍のメンツがつぶされたことがきっかけで軍内の不満の矛先が習近平に向かうかもしれない。そうなると、ポスト習近平の座は、軍事政権が掌握する可能性もあるし、あるいは首相の李克強や副主席の李源潮《りげんちょう》［一九五〇〜／中国共産党第一七・一八期中央政治局委員。共青団出身〕が臨時に主席代理を務める可能性もあるだろうが、どちらにしても社会・経済の不安化は歯止めが利かなくなり、混乱期が続くだろう。

たとえば東トルキスタン独立勢力やチベット独立勢力が、これを好機と捉えて行動を起こしたり、社会不満分子が反乱を起こしたり、民主化運動が起きたり、といった事件が続くことになるやもしれない。財産とコネを持つ官僚たちの国外脱出や、国民の移民ラッシュに拍車がかかることになるだろう。難民という形で周辺国家に不安定化を輸出することになるかもしれない。

もう一つもかなり可能性が高いシナリオだ。権力闘争は激化しながらも、習近平に引導を渡せるだけの政治勢力も存在せず、習近平は総書記・国家主席・党中央軍事委員会主席の地位を維持したまま集団指導体制二期目を迎える。つまり、本来予想されていた展開である。政治局常務委員七人のうち李克強を除く引退年齢を迎える五人は入れ替えられ、新たに胡春華、孫政才といったポスト習近平と目される若手も入り、また習近平のお気に入りの部下である栗戦書らが入る可能性もある。

ただ、政治改革に着手されることはなく、相変わらず激しい権力闘争が継続され、経済政

李源潮

策も外交政策も大きな転換を迎えることができない。言論統制と知識人迫害も強まりつづけ、社会の閉塞感《へいそく》がいっそう深まる。中国は長い低迷期に入り、悪性インフレが起き、金やコネのある人たちから海外脱出をはかるだろう。

国際社会での孤立化をいっそう深め、シロアリにむしばまれた大木のように、外からの姿は大国だが、内実の伴わない空洞な国家として余命を消費していく。そして共産党への求心力が落ちるところまで落ち、経済の悪化によって中国の治安維持力が落ちるところまで落ちたところで、社会の低層の〝反乱〟、あるいは労働運動や権利擁護運動によって政権の転覆、あるいは体制の変革が進められるかもしれない。政権側は最初はこれを治安維持力で鎮圧しようとするかもしれない。

そうすると天安門事件のような流血沙汰が再び起きる。中国人民の命がけの抵抗を経て、ようやく中国が生まれ変わることができる。

絶対に避けたい「赤い帝国」の世界支配

五つ目の最後のシナリオは、習近平を中心とした赤い帝国が米国をしのぐ国際社会のルールメーカーとなり、世界の三分の一から半分が中華秩序に支配される可能性である。これは日本にとって最悪の、絶対に避けたい近未来である。

習近平はめぼしい政敵をすべて失脚させ、共青団改革を行い、南シナ海、東シナ海における軍事行動を通じて軍権をしっかり掌握し、軍権に裏付けられた強い共産党体制を確立し、政治局常務委員制と引退年齢を廃止し、長期独裁体制を打ち立てて「二つの一〇〇年計画」実現に向かって辣腕《らつわん》を振るってゆく。歯向かう者、意義を唱える者は、強烈な治安維持力・軍事力で抑えつける。習近平は後に中国共産党中興の祖と呼ばれるようになるかもしれない。

南シナ海は中国の実効支配が確定し、米国の影響力はアジアにおいて完全に排除され、米中G2時代、あるいは日米・中ロの新冷戦構造という軍事的緊張時代が始まるかもしれない。ASEANを含むアジアでは西側民主主義ではない中華秩序、ルールが中心的価値観となり、人民元を基軸通貨としたアジア・シルクロード経済圏が確立し、国家資本輸出主義と銘打った、中国式バブル経済を周辺に輸出することで、当面の経済危機を乗り越えようとする、という可能性だ。

日本は米国と中国の緊張の間にあって、地政学的にいちばん軍事的リスクを負いやすいポジションに置かれる。世界大恐慌というような厳しい経済条件が重なれば、本当に米中戦争の危機は訪れるかもしれない。EUは経済的にも国際政治的にも弱体化し、中国におもねる一方で、国力の弱まった米国はアメリカファースト主義を貫き、日本の尖閣諸島が軍事力でもって中国に奪われようとも、見て見ぬふりをする。日本は自国の領土と領海を大きく失い、経済の活力を奪われ、中華秩序の一員として中国に従順にならざるを得ない状況に追い込まれるかもしれない。

日本は尖閣諸島の実効支配を絶対に手放すな

上記の可能性は、もちろん可能性にすぎない。しかし、そうした具体的な可能性を想定したほうが、日本のとるべき道もおのずとわかってくるのではないかと思う。まず日本にとって最悪のシナリオである五番目の可能性を潰すためにはどうすればよいだろうか。

重要な点は、中国が当面の目標としている南シナ海や東シナ海の島々の実効支配、軍事拠点化を阻止せねばならない、ということだ。いま行われている南シナ海や東シナ海に対する軍事的挑発が成果をもたらせば、習近平の軍制改革が順調に進み、軍権が掌握される可能性が強く、そうなれば、政権としてかなり手ごわい相手になる。

逆にいうと南シナ海、東シナ海の軍事的挑発が失敗に終わると、習近平は軍事的メンツを失い、失脚する可能性が大きくなる。それも混乱を呼ぶだろうが、容赦のない赤い帝国が隣に出現するよりは、日本にとってましであろう。

そのために日本として心がけなければならないことは、第一に尖閣諸島の実効支配をけっして手放さないということだ。二〇二二年まで、日本が尖閣諸島の実効支配を守りきれば、ちょうど半世紀実効支配を継続したことになり、国際社会上の通念としても領土として認定される流れになるだろう。習近平政権もそれがわかっているから、尖閣の日本実効支配を二〇二二年までに崩したいと考えるだろう。係争地域として日本に認めさせようと、あの手この手で揺さぶりをかけてくる。

おりしも二〇一六年八月は尖閣諸島周辺に漁船が四〇〇隻と中国海上警察船（海警船）一五隻が終結するという前代未聞の危機的状況が発生した。これは二〇一二年秋、野田佳彦政権下で尖閣諸島が国有化されたことがきっかけで起きた日中緊張状態を上回る。

それどころか、一九七八年四月、日中平和友好条約締結前に、一四〇隻の中国の武装漁民が尖閣周辺に集結し、その領有を主張した事件を上回る事態である。これは、鄧小平が日中平和友好条約において「尖閣は日本領土」をという一文を入れさせないための戦略であった。このとき、福田赳夫《ふくだたけお》内閣は中国から「尖閣の日本領有」の言質をとらないまま友好条約を締結し、今に至るまでの禍根《かこん》を残すことになった。一九七八年四月の事件は、尖閣防衛において、中国の実力行使に日本政府がいかに無力であったかを露呈するものであり、このころから、実力によって尖閣諸島を奪うというシナリオが中国に存在した。

その後、二〇一二年に日本側が尖閣諸島の国有化を行ったことで、日中間の緊張が一九七八年以来の上昇を見せ、中国国内では同時多発的な反日デモ暴動が発生。日系企業・工場や日本車が焼き討ち略奪《りゃくだつ》に遭い、日本車を運転する中国人が暴徒に襲われて瀕死の重傷を負う事件も起きた。

だがこのときは、比較的日本重視の胡錦濤政権から習近平政権に代替わりする直前であり、また新たに政権の座に就いた習近平にとっては国内の政敵排除に力を注がねばならず、同時に日本側も政権交代があり、双方とも、すぐさま尖閣周辺でのアクションを行う余裕がなかった。だが、尖閣周辺に火種はくすぶったままあり、ほんの少しの油を注げばいつでも燃え上がる状況であった。

中国の漁民を使った尖閣奪還奇襲計画

そうして二〇一六年夏に実際、火種は再び燃え上がったのである。

なぜこのタイミングで、尖閣周辺の火種がまた燃え上がったのか。一つ言えるのは、中国側の内政的理由が大きいと思われる。中国では北戴河での秘密会議が行われており、党中央で孤立している習近平が、経済政策や外交政策の失敗、とくに南シナ海での国際仲裁裁判所裁定で中国にきわめて不利な裁定が出されたことや、韓国のＴＨＡＡＤミサイルの配備を許したことへの責任を問われかねない状況があった。

こうした権力闘争上の不利を挽回《ばんかい》し、長老たちの批判を回避するために、日本を利用することは過去にも例があった。自分に向かう批判の矛先を、反日にすり替え、逆に求心力を高めるために利用するわけである。少なくとも南シナ海で中国に不利な裁定が出たあと、フィリピンとの二国間協議で中国に有利な条件で島の軍事拠点化を進めていくにしても、国際社会の南シナ海への関心をそらさねばやりにくい。いずれにしろ尖閣に関しては二〇二二年までに係争地に仕立て上げなくてはならないのだ。

とすると、日本としてはどう対応するべきなのか。

まず国家としては、何としても尖閣周辺の実効支配を守りきる。それには必要な防衛力警備力増強とその防衛力警備力を行使するための法整備が喫緊の課題である。そしてそれを行えるだけの世論の支持の形成も必要だろう。

海上警備行動をとる、という警告をいくら出しても、四〇〇隻の漁船を伴った十数隻の武装海警船を領海や接続水域から排除できる実行力とそれを行使できる法的環境を保持していなければ、足元を見られて見くびられるばかりである。しかも、日本国内には、日本よりも中国に味方するメディア・世論もある。日本のメディア・世論をうまく利用して、尖閣諸島の係争地化を日本人自身に認めさせようともするだろう。

中国が尖閣奪還計画でかなり具体的に考えている作戦の一つ、漁民を使った奇襲作戦があろうと思われる。

表向き漁民の行動となると、自衛隊の出動は、むしろ解放軍海軍が堂々と介入する口実になるかもしれない。となると海上保安庁が尖閣防衛最前線を担うことになるのだが、装備はこのままで守りきれるのか、法制上に海上保安庁の任務遂行を阻む問題はないか、詳細に検証する必要はあるだろう。中国の海上警察局の船は、事実上フリゲート艦なのだから、海上保安庁の巡視船も自衛隊の護衛艦を塗り替えて利用するぐらいのことをやるべきなのかもしれない。

日本が尖閣を半世紀以上実効支配すれば……

もう一つは、国際社会に尖閣諸島が日本の実効支配地であるということを広く確認させることである。これは外交の仕事であり、また民間のメディアや学者の仕事でもある。八月の事件においては米国が尖閣における日本の施政権を確認するコメントを出しているが、他の国にも、尖閣が日本の揺るぎない実効支配地であるということを確認してもらうよう、官民両方のレベルで働きかける必要がある。

とくにこれをロシアなどに発言させれば、影響力は大きい。習近平政権はずっとロシアに「釣魚島が反ファシスト世界戦争の勝利のたまものであり中国の領土であること」を確認させるコメントを引き出そうと働きかけているがプーチンはなかなか駆け引きがうまく、中国の本当に望むキーワードは言わない。日本は外交戦略としては、ロシアを中国から離反させるように動くべきだろう。

ロシアと中国は二〇一六年夏の段階で、いちおう蜜月を演じているが、中国の一帯一路構想においても、南シナ海実効支配戦略においても、じつは中国とロシアは利害が対立する部分もある。南シナ海においては、ロシアはベトナムとの友好関係が深く、ベトナムが中国に対して戦争も辞さない強気な姿勢を崩すことがないのは背後にロシアがいるからだ。ロシアもベトナムを窓口にＡＳＥＡＮ諸国との関係を開拓していこうとしており、とくに高額の武器を売り込みたいようだ。

中国は国際社会に釣魚島が係争地であると政治宣伝しているが、日本はこれに対し、尖閣諸島に対して半世紀近くの間、安定した実効支配を続けてきたことを国際社会に認識させなければならない。そのうえで、中国の侵略的行為が一方的に地域の平和を棄損するものであることを世界に向けてきちんと発信する。国際環境を整えれば、経済的な制裁措置も海警行動もとりやすくなるだろう。

尖閣諸島の地政学的な重要性とは

またさらに、国民の意識を変える必要性がある。おそらく日本人の中には、人も住んでいない尖閣諸島を守るために、紛争を引き起こしうるようなまねは絶対すべきではないと考える人が少なくないだろう。尖閣諸島など中国にやってしまえ、という人もいるくらいだ。

だが、日本が世界第六位の海洋国家の地位を維持するためには、どのような小さな島であれ失うわけにはいかない。そして安全保障上の見地からいっても、尖閣諸島は台湾から沖縄にかけての第一列島線をつなぐ鎖のわっかのような存在である。

中国にとって海洋覇権の野望は、まず第一列島線以内から米軍の影響力を排除すること。次に小笠原諸島、グアム、サイパンを結ぶ第二列島線の内側まで中国のプレゼンスを利かせることであるが、尖閣諸島を中国の領土とできるか否かは、中国にとってその戦略の成否を左右するポイントである。

逆に日本にとって、尖閣諸島は地政学的な重要性からいっても死守する価値のある領土であると認識しなくてはならない。また主権を守るためには好むと好まざるとにかかわらず軍事力の裏付けが必要であることも知らなくてはならないだろう。

東海大学海洋学部の山田吉彦《やまだよしひこ》教授の受け売りであるが、領海がかつて三カイリと決められていたのは、当時の大砲の射程距離が三カイリだったことに由来する。主権とは大砲の弾が及ぶ距離、すなわち軍事力によって担保されるという本質を示すエピソードだ。国家や主権、安全保障の本質の部分をちゃんと理解して、国政の場で防衛問題や安全保障問題が議論されているときに、戦争反対といった単純な理想論によって議論の成熟を妨害しないことも重要だろう。

戦争は誰も望んでいないが、外交の場で主権の裏付けとなる防衛力、軍事力を持っていなければ、対等の話し合い、駆け引きもできないのだという現実も理解して冷静に考えることだ。そして、国民に対しては、政府はきちんと透明度の高い情報を開示し、領土問題や危機意識を共有し、国民が納得できる形の領土・主権の防衛政策を積み重ねていく責務を負うことになる。


こうしたリスクと緊張をはらむ日中関係において、民間レベルの私たちは、どのような気持ちで中国や中国人と向きあわねばならないのだろうか。まさか、政府同士が緊張関係にあるからという理由で、国民同士がいがみあわねばならない、と単純に考える人はいないだろう。政治と経済、また政治と民間交流は、リンクしている部分もあるが、独立している部分もあるのだ。警戒すべき点は警戒すべきだが、それは相互理解を深める努力を怠るという意味ではない。

〝日本人スパイ〟逮捕事件が続発する理由

警戒すべき点について、まず少し述べておこう。中国で日本人がスパイ容疑で捕まることが増えた。もちろん日本人だけが対象ではなく、いま中国で、スパイ容疑で多くの人が捕まっている。中国では外国人スパイがいかに暗躍《あんやく》しているか、といった報道が急激に増え、スパイに気をつけましょう、といった標語や警告の載ったポスターが街に張られている。

二〇一四年に反スパイ法が制定され、密告が奨励され、市民たちが疑心暗鬼になり、相互監視が強化され、冤罪で訴えられる……。まるでジョージ・オーウェルの近未来小説のような光景が今の中国で広がりつつあるのだ。だが、実際のところ、米国や英国や韓国などと違って日本には正規の諜報機関は存在しない。米国のＣＩＡや英国のＳＩＳや韓国のＫＣＩＡに相当するインテリジェンス機関は存在しないのである。

だが、それでも、中国では日本人スパイの暗躍に気をつけよ、と喧伝されている。

なかでも衝撃的なのは、二〇一六年七月の某日中友好団体の理事長の突然の逮捕だった。中国で国家安全危害に関わる容疑で拘束されていることを中国外交部が七月三〇日に確認した。

この団体は二〇一〇年に創設されて比較的新しいのだが、彼自身は三〇年以上、中国との関わりを持つ典型的な日中友好人士である。団体の目的は日中両国の青年交流を通じて中国の緑化、植樹活動を支援することだ。

一九九七年から北京外語大学教授、北京社会科学院中日関係研究センター客員研究員などの中国の教育・研究職に、足かけ六年就いていた。思想的には社民党系の左派リベラルだが二〇一六年四月から日本の衆議院調査局国家基本政策調査室の客員調査員でもあり、中国情勢、朝鮮問題についての分析調査も行っていた。五月には「中国の外交」をテーマに講演を行っていたが、これが今回の逮捕と関係があるのでは、とみられている。

衆院調査局は議員の立法活動に必要な資料や勉強機会を用意しサポートする部局である。そこから講演やリポートを頼まれることは、専門家ならば普通にある。こんなことでスパイ容疑といわれたら、学者や専門家は普通に中国をフィールドに研究活動することもままならないだろう。私から見れば、二〇一五年から表面化している一連の〝日本人スパイ〟逮捕事件と同様、不当逮捕である。

この拘束された友好人士の人となりに対する評判は、正直芳《かんば》しくない。共青団人脈の太さを自慢したりしていた。女性に対する不埒《ふらち》な行動なども私が北京駐在期間中には耳に入った。だがここで強調したいのは、彼が実際に何をしたのか、何かしたのか、ということではなく、近年急激に目立つ中国の日本人スパイイメージに対する喧伝とその裏にある意図についてだ。

彼が植林などの日中友好事業に関わってきたこともあり、中国では「日中友好の仮面をかぶって三〇年もスパイが潜んでいた！」といったニュアンスでさかんに報道されている。私自身は「日中友好」という言葉自体があまり好きではないが、それでも中国との友好に身を捧げていた少なからぬ人たちには敬意を持っている。中国的にいえば「井戸を掘った人」の功績を踏みにじるような報道がなぜ今、増えているのだろう。

たとえば新京報紙のウェブサイト版。

「なんということか。日本のスパイが中日友好交流団体に潜んでいたのか？　少なからぬネットユーザーは驚き、心ふさいだ。あんなに言っていた友好はどこにいったのだ？　だがじつのところ、外交通のあるアカウントは『そんなに驚くことではない。〝中国通〟を語る日本のスパイというのは以前から中国に浸透しているのだ』と語る。……」

人民日報傘下にある環球時報では次のような報道がある。

「……（今回拘束された日中友好人士をかつて取材したことがある）日本新華僑報編集長の

蔣豊は二八日に環球時報の取材を受けてこう語っている。

『日中友好交流団体からスパイが出てくるのはいっこうに不思議ではない。おそらく、これが日中友好交流団体から出てくるスパイとしては最後の一例ではないはずだ。いかなる団体も、スパイが利用する仮の姿になる可能性がある。……』

たとえ日本政府がスパイを派遣したことを否定しても、日本はこの数年の間に対外人力情報資源建設に力を入れており、外務省国際情報局、内閣情報調査室、公安調査庁などを利用して対外情報収集に力を入れている。昨年四月、日本政府は日本版MI6設立の提案書を提出している。中国は日本にとって一番防備すべき国の一つであり、自然、日本の情報収集の重点対象となるのである」

蔣豊編集長のこのコメントはブーメランである。日中友好交流団体の情報周辺者をいちいちスパイ扱いしていたら、彼自身も明らかな情報周辺者であり、疑われる立場だ。情報の境界にいる一般人を陥れるような言動は控えるべきであろうと言いたい。

日本人への警戒感をあおる習政権下の報道

このほかにも、日中友好人士がスパイ！といった見出しの報道があふれ、日本人への警戒感をあおっている。強引な日本人拘束と起訴、さらにまだまだ日本人スパイが暗躍しているようなニュアンスの報道。そんなに日本政府が諜報活動に熱心に取り組んでいれば心強い限りなのだが、実際のところは逆で、日本の対中国情報の収集能力は以前よりも劣化しているように私は思う。

北京消息筋から、中国国家安全当局が日本の法務省公安調査庁協力者リストを入手しており、それをもとに二〇一五年から一連の〝日本人スパイ〟拘束が行われているとも聞いているが、逆に言えば、そうした公安調査庁協力者リストを中国サイドに流す内通者が庁内にいるということでもあり、むしろ日本のほうがスパイされているのである。

ちなみに一部学者や企業家、ジャーナリストらが公安調査庁から求められて、職業上知りうる、特に機密でもない経験や情報を提供することは日本人としてごく当然のことである。そこで、多少の謝礼をもらうこともあるだろう。日本在住の中国人学者や留学生、記者たちが中国大使館に情報提供を求められて断らないのと同じである。そんなレベルの情報周辺者をいちいち拘束していたら、東京だけでも四、五百人をスパイとして拘束せねばならなくなってしまうだろう。

スパイ拘束騒動は、中国が機密情報の漏えいを恐れて予防措置をとっているのではなく、むしろ対日外交姿勢の在り方によるものと私は見ている。

目的の一つは、環球時報が触れたとおり、いま日本で外国人による情報収集や特務活動の予防が議論されており、その重点対象が明らかに中国人であることへのけん制があるとみられる。さらに、中国社会科学院日本研究所の呉懐中の環球時報へのコメントが興味深い。

「平時、日本人たちと交流しているとき、彼らは中国のいろいろな方面の情報に非常に興味を持ち、いろんな内幕話を聞きたがる。中日双方の関係が比較的良好ならば、こうした方法で中国情報を仕入れるのはさらにたやすいだろう。現在、双方の関係がうまくいっていないので、日本は中国情報の必要性がさらに高まっており、人を利用したスパイ行為もやらざるを得ないのだろう」

つまり日中関係が良好ならば普通にやり取りされる情報も、関係が悪くなった今はスパイ行為に認定されかねない。もともとスパイ扱いされなかった人たちが、習近平政権になってからはスパイ扱いされる可能性が強まったということでもある。

習近平の権力闘争に巻き込まれる日本人

もう一歩、うがった見方をすれば、私は習近平政権にとっての権力闘争が絡んでいるのでは、と疑っている。八〇年代から始まった日中の蜜月が培《つちか》った人間関係は、おもに胡耀邦につながる人脈、つまり共産主義青年団人脈が主流だ。拘束された日中友好交流団体理事長も共青団関係組織がカウンターパートになることが多かったようだ。「私は李克強と友人だ」といったことも吹聴していたらしく、実際、共青団と日本をつなぐパイプであったかもしれない。

習近平個人には日本政府や民間人との人脈パイプはほとんどないと聞いている。習近平の権力闘争のおもなターゲットはすでに上海閥から共青団派に移っているが、その権力闘争に巻き込まれたのではないか。ほかにも二〇一五年に拘束された四人の日本人のうち二人は権力闘争に巻き込まれた可能性も仄聞《そくぶん》している。

共青団系の政治家で失脚して汚職と情報漏えいで無期懲役判決を受けた令計画は、弟が機密情報を持ったまま米国に亡命した。令計画は日本にもそれなりの資産を持っており、妻が日本へ逃亡する計画もあった。そういったことも関係しているかもしれない。

いずれにしても今、スパイ容疑で拘束されている日本人のほとんどが不当逮捕であると私は見ている。日本人に優秀な諜報能力があったのは戦前の話だ。だが、習近平政権の強硬な対日外交や日本への警戒感や権力闘争などの背景を考えると、あいまいなスパイの定義を使って日本人を拘束することは、対日けん制や国内の親日派に揺さぶりをかける一つの手段となっている。

どのような理由があるにせよ、中国とはそのときに事情に応じて、長きにわたって日中の民間の交流に貢献してきた人をもスパイ扱いして、引っ捕らえる国なのである。あえていえば、中国に同情的で、善意で深い人間関係を構築してきた人ほど、ある日、突然、スパイ扱いされる可能性が高いということである。

「日本は中国にとって北京ダックと同じで三度おいしい」

では、そういう国・中国とその国の国民に対して、一日本人としてどのように向きあい、人間関係を築けばよいのだろうか。

まず、中国という国、そしてそこに住む人たちの特性を理解することが重要だ。中国の外交、とくに対日外交は上述したように、かなり内政的理由が絡む。中国の官僚たちの間で、日本は北京ダックと同じく三度おいしい、という笑い話がある。北京ダックは皮を味噌とネギを合わせて餅に包んで食べ、肉は野菜と炒めて食べ、骨は老鴨湯と呼ばれるスープにして食べる。つまり骨から皮まで余すところなくおいしく食べられる。日本も同じで、骨から皮まで中国共産党にとって無駄なく利用価値がある、という。

日中戦争の歴史を持ち出せば、共産党の正当性を主張できる。中国経済がひっ迫するとO

DAなど経済援助をしてくれる。社会不満が溜まれば尖閣問題をとり上げ、反日でガス抜きできる。まったくもって、日本は中国共産党にとって都合のいい国であり、三度おいしくいただける、というわけである。

日本が黙って利用されているお人よしの国である、という揶揄であるが、まんざら誇張でもないので、怒るに怒れない。日中間には、本当に助けられて恩にきたり、報いたりといった義理人情や信頼関係が生まれる余地があるのかないのかは、あえて言明しない。個人や家族同士の付き合い、あるいは会社同士の付き合いでは、ひょっとするとこうした義理人情関係は育めるかもしれない。

だが、国家レベル、あるいは国民性という大きな枠組みで分類的にいえば、だます人よりだまされる人のほうが愚かである、という価値観が根強い国である。

おそらくは、それはあの大陸を舞台に起きてきた長きにわたる戦乱、動乱、混乱の歴史が育んできた価値観である。中国五〇〇〇年の歴史、などというが、王朝を一つの国家と考えれば、中国とは国家の興亡が繰り返されてきた土地なのである。そして、いま国家の支配権をとっている漢民族は中国における国家興亡史の中で、むしろ被支配民族としての歴史が長い。

毛沢東が登場した後も、国共内戦、反右派運動、文化大革命、天安門事件と、ほとんどの時代を中国人民は安穏と暮らせなかった。その結果、中国人は無意識に政治的風向きに合わせて、より強い者に従い、自分より弱き者に矛先を向けて自分を守らざるを得なかった。価値観や信念といったものは時にじゃまで、そういったものを臨機応変にすげ替え、時に恩人も友人も家族ですら裏切らねばならなかった。

その行動に不条理や矛盾や挫折を感じても、自己分析したり反省したりせず、自分自身に言い訳をして自分を納得させて、〝精神的勝利法〟で乗り越えていかねばならなかった。作家・魯迅の『阿Q正伝』は、実際、そうした漢族の性格の典型のようなものをよく描きだしている。

こうした歴史も関係して、中国人には信念・思想・信仰など精神のよりどころとなるものを持っている人が非常に少ないということも、日本人は心得ておくべきだろう。

愛国的に見える人も、その愛国心は絶対的ではなく、チャンスがあれば外国籍をとって中国から距離をとって生きたいと考えている。官僚の多くが、国が危機に直面したとき、どのように国、国民を救おうかと考えるのではなく、どのように財産と家族を国外へ脱出させるかを考えている。

思想や信念のない中国人とガチョウの群れ

マルクス・レーニンの名前を叫ぶ記者たちも、実は『資本論』も『国家と革命』も読んだことがない。思想や信念というものは、それを深める思考の自由がなければ生まれ得ない。だが中国では、新中国が建設される以前から長きにわたる言論や出版・報道に対する厳しい統制があり、それに違反すると反政府的反党的として処罰される時代が続いている。それを恐れて、自ら物事を自由に考えること自体を封印する人、放棄する人が多い。

思想、信念、信仰のない精神の空白に、強烈な政治的号令がかけられると、まるで集団ヒステリーにかかったように、全員が同じ方向に一斉に駆け出すような現象が生まれる。一羽がある方向に駆け出すと、皆がついていってしまうガチョウの群れのようなものだ。その中の一羽がちょっとおかしいと思っても、立ち止まっては踏みつぶされてしまう。文革の紅衛兵の熱狂は、まさにこのガチョウの群れにたとえられている。

そういう中国の過酷な歴史がつくり上げた中国人の悲しいサガのようなものがあることを、頭に入れておくとよい。もちろん、思索することを恐れず、広い視野と経験を持ってそうした〝中国人的なサガ〟を乗り越えている中国人もたくさんいる。一三億人もいるのだから、実にいろんな人間がいるのだ。教育レベルの高い人ほど、そういう人が多いだろう。だが同時に、日本が大好きで日本旅行を楽しみ、メイドインジャパンが最高だと言ってくれる中国人も、政治の風向きによっては、親しかった日本人の友人と距離を置き、日本と日本人に攻撃的にならざるを得ないことがある。

日本人は、海洋に囲まれた四季豊かな国に生まれ育ったおかげもあって、奇跡的に他国から侵略されたり蹂躙《じゅうりん》されたりという経験がほとんどなかった。人口が三分の一以下に激減するような飢饉《ききん》も疫病もほとんどなかった。

あえて言えば第二次大戦後の連合国軍占領下時代が被支配経験であるが、それもさほど長い時間ではなく、またそれほど過酷でもなかったため、むしろ他国に支配されることを甘く見ているふしがある。

平和憲法のおかげで、その後の朝鮮戦争にもベトナム戦争にも日本人を戦地に送り出さず、国防の責任を米国に預けたまま、戦後復興と経済成長に専念したため、あれほどの敗戦から比較的短時間で世界第二位の経済大国に復活することができた。信仰や信念、思想というものはなさそうに見えて、ギネスに載る世界最古の王家・天皇制という精神のよりどころを安定的に持っていたこともあり、世界でも希に見る他国への警戒心の薄い、比較的穏やかでお人よしの国になったのだろうと思う。

古来「和をもって貴しとなす」と人を疑わない日本人と、「腹黒く厚かましく生きよ」と清末の漢族の教育者、李宗吾《りそうご》〔一八七九〜一九四三／清代末期の学者〕の提唱する「厚黒学」をいまだ乱世を生き抜くバイブルとする中国人とでは、同じ局面に立ったときにとる行動は全く違うだろう。日本人は自分が我慢してみせれば、相手も我慢してくれると考えるし、自分が譲れば相手も譲ってくれると思う。ルールを決めればそれを忠実に守ろうとする。

だが、中国人は相手が遠慮すれば、それは実力や自信がないからとみなし、力を持っている者がルールメーカーになれると考えているし、自分の都合の良いように利用できるルールを持ちだすし、自分が不利になるルールは守る必要がないと思っている。

日本人は弱者に対して情けをかけ、もし自分が弱者になれば情けをかけてもらえると考えている。敗者にも美学を感じる感性があり、敗者にも復活のチャンスがある。頑張れば報われると考え、誠実に振る舞えば、相手も誠実であると考える。

なので、時にわざと弱者のように振る舞い相手からの情けや配慮を引き出そうとする人もいるし、自分が謝れば相手も非を認めて謝ってくれると考える。

しかし中国には、自分の弱さを認められる人が実は強い、などという価値観はない。

李宗吾

中国では弱者は弱者であり、徹底的に搾取され虐《しいた》げられる存在だ。中国人の多くが力の信奉者であり、水に落ちた犬はたたけという。弱さを見せれば付け込まれる。交渉事も相手が弱みを見せれば、さらに居丈高になり、相手が自分より強いと見たときは、自分も強そうに見せかけながら対等の交渉に持ち込もうとする。

つまり、中国と日本は黒髪黒目の同じような姿をしていながら、その国民性というものは、似て非なるもので、おそらくはもっともその価値観や思考回路がかけ離れている国同士、国民同士である。

G2時代あるいは米中太平洋分割管理への野望

そういう中国の国柄、国民性を考えたとき、なぜ、あのようなすさまじい権力闘争が生じるのか、なぜ革命や動乱がしばしば勃発するのか、なぜ汚職や腐敗が多いのか、なぜモラルハザードが起きやすいのかが少しは理解できるかもしれない。習近平政権の外交の在り方や、南シナ海での振る舞いも腑に落ちることだろう。

そして、歴代の指導者の中でももっともきれいな北京語を話す習近平は、非常に漢族的、中国人的な性格を色濃くもっている政治家である。疑い深く、力を信奉し、自分に都合の悪いルールは無視し、破壊しようとする。とくに他人に対する疑い深さ、政敵に対する容赦のなさは、毛沢東以来のレベルではないだろうか。

そういう国家指導者のもとで、いま中国は国際的に孤立し、経済はひっ迫し、共産党の指導的地位と先進性を維持できるか否かの岐路に立っている。党内や軍内ではアンチ習近平派が反撃の機会をうかがっており、また習近平自身も暗殺や政変や軍事クーデターを恐れており、警戒している。

だが世界の情勢も、けっして安定はしていない。米国が世界の警察であることに自信を持てなくなりはじめ、EUの結束力はほころびを見せはじめ、進むところまで進んだグローバル化に対する逆流ともいえる自国中心主義が各国で台頭する一方で、イスラム勢力が新しい世界の極点として拡大している。

つまり、第二次大戦後続いていた米国を中心とする戦勝国グループとして国連が主導してきた世界の枠組みの箍《たが》がそろそろ金属疲労を起こし、緩みはじめている時期なのだ。

おそらく習近平政権は、こういった世界の枠組みの緩みを感じて、国内の経済上の矛盾と社会上の不満の矛先を外に向けることで乗り越え、同時に、新たな国際社会の枠組みを作っていく主要プレイヤーとしての地位を獲得しようと考えているのだろう。西側民主主義的な秩序やルールではなく、中国を中心とした中華的な秩序やルールでもって仕切られる経済・

社会・安全保障体系の確立を目指しているのかもしれない。それがG2時代、あるいは米中太平洋分割管理、といった言葉の意味するところかもしれない。

チャイナリスクを回避し、中国人とうまく付き合う方法

最後に中国人個人と日本人はどう付き合っていくべきか、個人的な見解を述べておこう。今の習近平政権が続くかぎり、日本と中国の関係は厳しい緊張状態が続くだろう。日本にとって安全保障上の最大の脅威は目下、中国といえる。

同時にこの両国は経済的な関係も深く、人的交流も多い。日本社会で普通に中国から来た人たちが学び、働いている。婚姻などで家族に中国人がいる人も増えているだろう。また、日本からも中国に留学、駐在している人も少なくなく、婚姻を結んで中国で暮らす人もたくさんいる。

私は国家レベルの利害対立と民間・個人レベルの交流は基本的に分けて考えるべきだと思っている。政治的緊張の中にあってもビジネス関係をうまく結ぶこともできれば、友情や恋愛関係を育むことも当然できるだろう。むしろ政治的外交的緊張関係が強い時代ほど、民間レベル、個人レベルの交流は積極的に行うほうがよい。

最悪なのは、国としての中国を敵視するあまりに、中国人をコミュニティから排除しようとしたり、その存在を無視したり、情報を遮断《しゃだん》してしまうことだ。政治的に緊張関係にあっても、経済的に相互依存していれば、多少なりとも紛争を回避しようという意思が相互に働くことがあるやもしれないし、何よりいろんなルートで中国の政治の内部で何が起きているか、社会や経済の状況がどうなっているのか、国民感情がどうなっているかを正しく把握していることのほうが、万が一のリスクを回避することができるだろうし、リスクに直面してもうまく対処できるものだ。

そもそも、中国人はけっして日本が嫌いなわけではないと、私は日ごろから思っている。というより本当は日本が大好きな人がけっこう多い。一三億人という人口を母数に考えると、日本のことに興味を持ち、日本が好きであろう知的な都市生活者の割合はけっして多数派ではないとしても、おそらくは全体数は日本の人口を上回るであろう。いわゆる中間層の上層にあたる人口だ。

中間層の中心は、文化大革命後に中国に流入した外国文化の中でも、日本製映画やドラマ、アニメ、音楽の影響を幼心に受けた人たちだ。天安門事件後、いち早く経済制裁を解いた日本の援助や技術供与、投資が支えてきた改革開放経済の成長に乗って富を築いた人たちだ。彼らはメイドインジャパンが憧れであった時代に青年時代を過ごし、中年になって、それを自力で購入できるだけの豊かさを手に入れた。

　その子供世代である八〇后、九〇后〔一九九〇年代生まれ〕と呼ばれる若者は、幼いころから家庭に日本製品がすでにあり、テレビなどを通じて日本のアニメ、漫画文化の洗礼を受けている。中国社会の環境問題や食の安全問題が表面化した時代に思春期を過ごし、日本に対し環境や食品安全の先進的イメージを持っている。

　彼らはいわゆるスーパーリッチなセレブ層とは違うので、最高級欧米ブランドには手が出ないのだが、少し上質でリーズナブルなライフスタイルの魅力を知っている。コンパクトでシンプルで高性能で耐久性があり、値段も欧米高級ブランドに比べると安価な日本ブランドの自動車、家電が大好きだ。健康志向で安全な日本の化粧品や食品を信奉している。日本人とよく似たアジア的顔立ちや肌の色は、日本式のメイクやファッションになじみやすい。グッチやプラダではなく、無印良品やユニクロをブランドとして着こなすのである。

　また日本の歴史や文化の中に、中国とゆかりの深いものは多くあり、日中の関わりの深さは好き嫌いで割りきれるものではない。儒教的なもの、禅的なもの、孫子の兵法から『三国志演義』まで中国的なものが日本文化の至るところに刻まれている。その多くが、中国ですでに失われた価値観や伝統であったりするのだが、これは中国人にとっても既視感があったりなじみやすい文化であろう。一衣帯水《いちいたいすい》という手垢のついた言葉を持ち出すまでもなく、日中間にはそういう切っても切れない縁が続いている。

忘れてはならない中国の国防動員法

中国人は日本人が思っているほど強い愛国心も共産党政府に対する忠誠心も持っていない。中華文化に対する強い帰属意識がある一方で、国家意識は意外と希薄だ。だから、チャンスがあれば外国の新天地に根付くことも外国籍を取得することも躊躇《ちゅうちょ》しない。

実際、中国人よりも日本人を信用し、安倍政権よりも習近平政権に対して批判的な中国人も結構いる。こういう時代だからこそ、周囲にいる中国人とは、きちんと意思疎通して人間関係を育み、むしろ中国人の中に日本親派を増やす努力をしたいものだ。

中国は民主国家ではないので、政治的決断にどれほど世論というものが反映されるかは不明だが、それでもインターネット上で世論のようなものが形成されて、それが政治になんらかの影響を与える現象はすでに起きている。

中国政府側は、ネット世論を誘導すべくネット規制・管理を強化し、大勢の五毛と呼ばれるオンラインコメンテーターを雇って年間四億八八〇〇万件もの誘導書き込みをさせている（米ハーバード大学調査）というが、それでもネットユーザーに日本人や日本の文化を好ましいと考える人が増えていけば、中国共産党の反日政策にも多少の歯止めがかかっていくことだろう。

ただ、すでに述べたように、中国人と日本人の国民性や性格、感性、価値観は、根本的にはほぼ真逆にあり、例外はあっても、相手に自分と同じ行動基準を求めることはやはり無理な話である。だから日本人としては、自分が期待したとおりに相手が行動しなくても、裏切られたと感じたり、腹立たしく思ったりしないことだ。

中国人とはどういう人たちであろうか、という知的関心を持ちながら、うまく付き合う方法を考えてほしい。

重要なことは相手に対する関心、興味を持つことと、相手に期待することを分けて考えることだ。よく中国人と長く深い友情を育むには、つねに相手に利益を与える立場でありつづけることだという人がいる。日本人よりも人間関係に直接的な利害関係を持ち込む人が多いのも確かだ。だが、日本人的な見返りを求めない友情や人間関係を、純粋に貴重なものとして感動する中国人に出会ったことも一度や二度ではない。

私は、日本人がお人よしとバカにされようと、三度おいしい北京ダックといわれようと、そういう日本人的な感性や価値観を誰が相手であろうと持ちつづけることが大切だと思う。

もう一つ、忘れてはならないことは、中国には有事の際に発令される国防動員法というものがある。発令されれば国内外の中国人には国防義務が課され、時には破壊工作にも動員され、それを拒否すると罰金や刑事罰を負うこともある。中国では時に反日デモなども官製で行われることがあるが、そうした抗議デモなどが中国大使館の指示で動員されないとも限らない。

また中国では有事の際に、交通、金融、マスコミ、医療機関などが必要に応じて解放軍や政府の管轄《かんかつ》下に置かれ、それは外資系企業であっても免《まぬが》れ得ない。だから、隣人であっても、家族であっても、恋人であっても、万一の有事の際には敵に回ることもあるだろう。

中国人同士ですら、過去の動乱のたびに、隣人同士、家族同士、夫婦同士の間で、裏切りや密告があり、傷つけあった歴史があるのだから、国の違う日本人と中国人の間の人間関係が永遠であるわけはない。もちろん例外もあって、実際のところ、そのときになってみなければ、人の絆の強さなど確認できないものなのだ。

そういう中国という国の過酷な歴史も、現在の経済、社会状況も当然知っておくべきことだろう。これから日中関係がどう動くか、きちんとアンテナを伸ばしておくことだろう。

尖閣をめぐる緊張状態がピークに達すれば、二〇一二年秋に起きたような暴力的な反日デモが中国全土で広がる可能性もある。時に身の安全や財産の安全も脅かされる。スパイとして密告されることもあるやもしれない。そういうリスクも中国で暮らしていたり、中国人と深いを付き合いをしていれば当然ありうるという覚悟は必要だ。

だが、偶然出会った中国人と、何かの縁で運命共同体になったのならば、結局は、自分の直感や経験を踏まえて、誠実さと敬意と親愛の情で向きあわなければ、始まらない。最初から信用できない、などと敵意をむき出しにしては、敵同士にしかなれないのだ。

私は国同士が緊張関係に陥ったときほど、民間の国家を超えた関係が意味を成すと信じている。中国人とうまく付き合いながら、来るチャイナリスクをなんとか回避していきたいと願っている。

あとがき

最後まで読んでいただき、感謝申し上げる。

チャイナリスクとはなにか、ということを考えてほしいと思い、この本を書き始めた。単純に中国との軍事衝突リスクのことなのか。中国が大国化することなのか。あるいは習近平政権が独裁化することなのか。中国経済が破綻することなのか。中国社会の不安定化なのか。中国の権力闘争が激化することなのか。

チャイナリスクは一つではなく、複合的なものだろう。いま中国で起きているありとあらゆる現象が、日本にとってリスクにつながっている。本書では、中国習近平政権下で起きている政治、軍事、経済、社会のさまざまな現象の具体例を挙げながら、それがどうしてリスクなのか、なぜそういうリスクが起きているのかを、習近平政権の性格や目標、中国の近代史が培った中国人的性格なども鑑みながら分析し、解説を試みた。

日本には、仕事や私生活で中国と深く関わってきて中国が大好きな人も少なくない。一方で、中国に関してはほとんど何も知らないながら、なんとなく昨今の日中関係の悪化の影響でネガティブな印象を持つ人も多い。前者は自分自身が親しく付き合う中国人の姿を信じるあまり、政権の性格や権力闘争の裏側にあるリスクを想像できなかったり、農民や出稼ぎ労働者が内包する不満や不安定さに目が届かなかったりするので、たとえば私たち「中国屋」と呼ばれる中国専門ジャーナリストがチャイナリスクについて語ると、自分の知っている中国と違うと反感を持つことも少なくない。チャイナリスクについて語ると「中国脅威論をあおりすぎだ」「中国の悪口を言って稼いでいる」「戦争煽動者」などと非難されることもある。

一方、後者は、チャイナリスクという見出しだけで中国に脅威と嫌悪を感じて、現実に何が起きているか、その事実を知ろうとしないことが多い。中国のことを聞くのも嫌、見るのも嫌、中国人とは付き合いたくない、という人もいる。この両極端に分かれているのが、日本にとって困った状況なのだと思う。

本書はそういう両極端にいる人たち双方に、いま中国で台頭しているリスクの本質を伝えることが目的である。編集者の意向で、タイトルや見出しはなかなか刺激的であるが、中国人を貶《おとし》めるような内容ではない。むしろ、日本にとってのチャイナリスクは、中国の人々の生活と安全を脅かすリスクでもあるので、普通の中国人にとっても意外に興味深い話もあるのではないか。

習近平政権に対しては非常に批判的な内容となった。それは私がネタ元として意見を聞いたり、情報を得たりする筋が、メディア関係者や学者らいわゆる知識分子と呼ばれる人たちや官僚筋の人が多いからである。習近平政権下ではメディアと知識人が文化大革命以来といわれる厳しい迫害に遭っているので、メディア人、知識人たちはおおむね習近平政権に批判的である。

また日本通と呼ばれる中国人学者や官僚は、習近平派の政敵である共産主義青年団派が多く、そういう人たちの論評を参考にすれば習近平政権が諸悪の根源のような印象となる。おそらく、習近平周辺筋からネタをとることができれば、習近平は強力なリーダーシップを発揮する優れた為政者、中国共産党中興の祖という評価になるかもしれない。そこらへんの前提を理解したうえで、読んでいただくと、中国でいま起きているさまざまな現象の、比較的客観的なリポートとしてお役に立つことだろう。

私が伝えたいことは、中国のリスクを軽く見てはいけない、という一点に尽きる。タイトル『赤い帝国・中国が滅びる日』は、中国が滅びるのを期待しているという意味ではない。国際秩序に挑戦する社会主義的覇権国家・赤い帝国としての中国の崛起《くっき》を防がねば、日本の将来に非常に暗い影を落とすことになる、というメッセージである。赤い帝国が滅びる日は、平和と自由を尊ぶ国際協調主義の責任ある法治国家としてのリスタートであってほしい、というのが個人的な希望である。

だが、過度な期待は禁物だ。今の日本人にとって必要なのは、中国がはらむリスクの所在を明確に認識し、過小評価せず、むしろ過剰なほど危機感を持つことだ。日本人というのは、先の大戦以来、本当に暮らしや安全の深刻な危機を経験していないので、リスクに対する想像力に欠けるきらいがある。リスクをリスク、脅威を脅威ときちんと認識し、希望的楽観論に流れることを戒め最悪を想像して、どのように日本の安全を守るかを、一人一人が考えることである。

それにはどういった法律を整備すればよいか、どういった心構えが必要か、日本をリスクから守る政策を打てる政治家とはどのような人物か、さまざまな人と議論し、考えを整理してほしい。そのうえで、日本社会に増えていく普通の中国人たちとどのような人間関係を築くのか、政治的軍事的緊張が高まる日中関係の中で、民間人としてできることも考えてほしい。

文中の公的人物には、中国語記事の習慣にのっとって、敬称を付けていないことをご了承いただきたい。

福島香織

二〇一六年　秋

著者略歴

福島香織（ふくしま・かおり）

1967年、奈良県生まれ。大阪大学文学部卒業後、産経新聞社大阪本社に入社。1998年上海・復旦大学に1年間語学留学。2001年に香港支局長、2002年春より2008年秋まで中国総局特派員として北京に駐在。2009年11月末に退社後、フリー記者として取材、執筆を開始する。テーマは「中国という国の内幕の解剖」。社会、文化、政治、経済など多角的な取材を通じて〝近くて遠い国の大国〟との付き合い方を考える。日経ビジネスオンラインで中国新聞趣聞〜チャイナ・ゴシップス、月刊「Hanada」誌上で「現代中国残酷物語」を連載している。TBSラジオ「荒川強啓 デイ・キャッチ!」水曜ニュースクリップにレギュラー出演中。著書に『潜入ルポ！中国の女』、『中国「反日デモ」の深層』、『現代中国悪女列伝』、『本当は日本が大好きな中国人』、『権力闘争がわかれば中国がわかる』など。共著も多数。

赤い帝国・中国が滅びる日
——経済崩壊・習近平暗殺・戦争勃発

2016年11月5日　初版第１刷発行

著者　福島香織

発行者　栗原武夫

発行所　KKベストセラーズ
〒170-8457 東京都豊島区南大塚2-29-7
電話 03-5976-9121
http://www.kk-bestsellers.com/

印刷所　近代美術

製本所　積信堂

DTP　オノ・エーワン

装丁　フロッグキングスタジオ

 ISBN 978-4-584-13743-7 C0031